まえがき

「ある日、お医者さんから『あなたは、あと1年の命です』と言われたら、どうする？」

私が20歳の頃、ある人から実際に言われたひと言です。

もちろん、20年生きてきて、こんなことを聞かれたのも初めてでしたし、それまでにあと1年の命だったら…などと考えたこともありませんでした。

もし、突然誰かにそう聞かれたら、あなたなら何と答えますか？

できれば深く深呼吸をして、ゆっくりと目を閉じて、それから自分の心に正直になってじっくりと考えてみてください。


（できれば3分くらい時間をかけて、ゆっくりと想像してみてください…）

あなたの心には何が浮かびましたか？　どんなことを考えましたか？　残りの人生で、これからは何をしたいと思いましたか？

ちなみに私の場合、**この質問のおかげで、その後の価値観が大きく変わりました**。さまざまな失敗もありましたが、おかげさまで、私の今の**天職**や**人生観**にまでつながっています。

自分が本当にしたいことに気づくことができたおかげで、私は自分の好きなことを仕事にすることができました。また、さまざまな店舗の運営に携わっていく中で、おかげさまで「3時間待ちの行列ができる店舗」を作ることもできました。

また、全国各地からお声がけをいただいて、、私の経験を活かした「3時間待ちの行列ができるお店づくり、人づくり、仕組みづくり」というテーマや、「お客様に心から喜んでもらうために大切なこと」というようなテーマの講演会やセミナーなどもさせていただくことができるようになりました。

これらはすべて、今までに大変お世話になった私のお師匠さんや先生方、大勢の先輩、そしてお客様のおかげです。

この本のストーリーの中では、一人の主人公が登場します。この主人公には、あえて名前をつけていません。また、この本の舞台である街がどこかということも、あえて設定していません。ですから、あなたの街で、あなた自身が主人公になったつもりで読んでみてください。

私が、お師匠さんや先生たちから教わったこと、大勢の先輩やお客様から教わってきたたくさんのことを、この一人の主人公を通してみなさんに少しずつお伝えできれば、と考えています。そして、少しでも皆さんのお仕事やビジネスのお役に立って、幸せな人生のヒントにしていただけるなら、本当に幸いです。

佐々木寛

5章 行列を継続するために大切なこと

装丁／春日井恵実
本文DTP／マーリンクレイン

1章

商売・ビジネスにおいて本当に大切なこと

1-1

出会い。そして初めての仕事で教わったこと

高校を卒業して、4月に大学に入学したばかりのころのこと。親からの仕送りは大学の授業料と、借りたアパートの家賃のみという約束でスタートしたので、私はすぐに求人誌を手に取り、「早くアルバイトを探して、生活費を稼がなくては」と思っていました。

春の陽気に包まれたある日、私が大学のキャンパス内のベンチに座り、求人誌に細かく目を通していると、隣のベンチに座っていた1人の老紳士が私に話しかけてきました。

「どうやら、アルバイトを探しているみたいだね。他の学生さんたちがどこのサークルに入ろうかと、のどかに楽しそうに過ごしている中、あなただけは真剣に求人誌に見入っているから（笑）。ところで、もしまだ決まっていないなら、私のお店に来て働いてみるのはどうかな」

ニコニコとした表情で落ち着いた雰囲気のその老紳士に、私は何とも言えない魅力を感じて、気がつくと「はい。ぜひお話を聞かせてください」と、すぐに返事をしていました。

そして、その老紳士は自分が経営しているレストランがあるから、よければ、ぜひ接客のアルバイトに来てみないかと話をしてくれました。これが、その後の私の人生を大きく変えることになるとは…。そのときには、私はまだまったく気づいていませんでした。

そして、初のアルバイト出勤日、案内してくれたその老紳士のお店で渡されたユニフォームは、ホール接客のユニフォームとはまったく違う、真っ白なコックコートの上下でした。私は「んん?」と思いながらも、よくわからないままコックコートに着替えました。すると、案内されて連れていかれた先は、広いキッチンの隅のほうでした。

そして、老紳士がキッチンチーフに声をかけた後、そのチーフが私に近づいて来て言いました。

「そこの大きなシンクにお湯を溜めたら、鍋やフライパンが来るから、どんどん洗って。はい、これが洗剤で、これがタワシ。じゃあ、よろしく」

私はわけがわからないまま、次々にシンクに投入される大きな鍋やフライパンなどを、たった1人でひたすらがむしゃらにタワシで洗い続けることになったのです

「ほらほら、どんどん来るから、そんなにゆっくり洗っていたら、溜まり過ぎて間に合わな

いよ。もっと急いで！」

タワシを握り、ひたすら洗い続けてあっという間の5時間…。終わった後どうやって帰ったかも覚えていないくらい疲れていて、アパートに着いたらバタンキューですぐに寝てしまいました。


次の日も、予定時間の前にそのレストランに行き、同じユニフォームに着替えたら、同じ場所で無心になって洗い物ばかり。キッチンの人たちからは、「早くフライパン回して！」「遅いよ、もっと早く！」と厳しく怒鳴られながら、2日目もあっという間に終了しました。


3日目には、大鍋やフライパンを1人でひたすら洗い続けながら、私の心の中には「あの老紳士に騙された。今日で絶対にアルバイトを辞めてやる！」という悶々とした気持ちがあるのみでした。

アルバイトの時間が終わる間際に、キッチンチーフにそう言おうと思った矢先、気がつくと、あの老紳士がニコニコとした表情で私の後ろに立っていました。そして、振り向いて驚いている私の肩をポンポンと軽く叩いて、

「3日間、よく頑張ったね。明日はホール用のユニフォームを準備しておくように、ここの

店長に伝えておくから。明日からはホールで頑張ってね」

あれだけ、「今日必ず辞めてやる！」と思っていた私の心の中に、一筋の光が差し込むような気持ちになりました。

老紳士は、優しい表情で私の顔をまっすぐに見ながら、「どんな仕事にも必ず裏方がある。そこで一見地味に思える仕事だったとしても、その仕事の積み上げがとても大切なんだよ。地味な仕事でも、**まわりの人たちの期待を超えるくらい、そしてまわりの人たちが驚くくらい、一所懸命に取り組める人ならば、どんな仕事でもきっと成功する。**

逆に、地味な仕事をおろそかに考えて、そこに一所懸命に取り組めない人は、きっとまわりからも信頼されないし、どんな仕事でもきっとうまくいかない。

おそらく、あなたは私に騙されたくらいに思っていたんじゃないかな（笑）。あなたがどれだけ頑張れるか、ちょっとだけテストをさせてもらったよ。そして、どうやら無事に合格したようだね」

老紳士がそう言い終わると、まわりにいたキッチンチーフや他のスタッフさんたちも優しい表情で私を見てくれていて、温かい拍手を送ってくれました。

どの仕事にも通じる一番大切なことを、初めて働いた3日間でしっかりと教わることができました。**地味なことでもコツコツと**。そして、**まわりの人たちの期待を超えて一所懸命に**。

おかげさまで、その後の教訓の一つになったことは言うまでもありません。

1-2 自分が人生をかけて本当にしたいことは何？

その後、大学に通いながら、私はそのレストランでアルバイトを続けることにしました。アルバイトとはいえ、多くの失敗を繰り返しながら、レストランの仕事や接客について、その老紳士からたくさんのノウハウを教わることができました。

実は後から知ったことなのですが、山中さんという名前のその老紳士は、レストランやカフェなどをいくつか経営する他にも、食品販売のショップを経営していたり、ホテルの経営までされている、その街では有名な実業家の一人だったのです。

その後、その老紳士がベイエリアに新しくオープンさせるダイニングレストランに移ることになった私は、当時ではまだ珍しい**テーブル担当制サービス**を経験することになりました。

自分がサービスを担当するテーブルを5〜8卓くらい持ち、お客様が自分の担当テーブルにご案内されたら、テーブルの前でお客様に自分の自己紹介から始めるという接客スタイルでした。

メニューの説明やドリンクや料理のお伺い以外にも、でき上がった料理をテーブルで取り分けしたり、ボトルワインをお客様の目の前で開けてグラスに注いだりしながら、お客様と軽快で楽しい会話にもチャレンジしようというサービスだったのです。


私はそもそも、他人と話すのが得意ではありませんでした。そのため、「お客様との会話を楽しみながら」という接客チャレンジは、最初はかなりの緊張もあり、とても難しく感じることも多くありました。


しかしながら、お客様を楽しませる接客サービスに日々チャレンジする中で、その接客スタイルが少しずつ楽しいものに変わっていくのを、私も感じ始めていました。

そのうち、私のテーブルサービスを希望して、リピートしてご来店いただけるお客様もいらっしゃるようになりました。**サービス業では、自分がベストを尽くして一所懸命に対応すれば、目の前にいるお客様が本当に喜んでくれる**こと、そして**笑顔で楽しそうに過ごしてくれる**ことを感じることができました。

そして、私にとってこの仕事が大きなやりがいと楽しさに変わっていくことを、日々実感していったのです。

大学での勉強よりも、すっかりレストランでの仕事にハマってしまって数ヶ月が過ぎた頃、そのレストランの社員やスタッフたちが集まる懇親会が開催されました。そこには、オーナーでもある老紳士、山中さんの姿もありました。山中さんは、私の顔を見ると、満面の笑顔で話しかけてくれました。

「お！　久しぶりにお会いできたね。今日は楽しめているかな？　ところで、あなたはうちのレストランのアルバイトにたくさん入ってくれているみたいだけれど、学業のほうは大丈夫かい？」

私がアルバイトに夢中になり過ぎて、大学にはあまり行っていないことがすっかりバレてるな、と思いつつ答えました。

「あはは…（苦笑）。学校のほうはボチボチですね…」

すると山中さんが、いつも以上のニコニコとした表情で、さらに私に質問してきました。

「ところで、話は変わるけれど…。**もし、ある日お医者さんから『あなたは、あと1年の命です』って言われたら、どうする？**」

初めての質問に、最初はちょっとだけ驚きましたが、私は5秒くらいですぐに自分の心の中に素直な気持ちが湧き起こってきて、山中さんにニコニコしながら次のように答えました。

「あと1年の命なんて、今まで一度も考えたことがないですよ。でも今、僕はすぐに思い付きました。まずですね。すぐに大学を辞めます。今日はもう夜なので、明日の朝一番に退学届けを出しに行きます。

そして、僕はレストランをやりたいですね！　自分のレストランを持つのは、すぐには無理でしょうから、海のそばにあるレストランとかで働いて…。夕陽が沈む海や星が煌めく夜空を眺めながら、お客様にお料理やお飲み物をサービスして…。

そして夜が更けたら、静かに波の音を聴きながら、お客様と一緒にお酒が飲めたりしたら、きっと楽しいでしょうね。死ぬまでに、そんな仕事ができたらいいな〜なんて思いますね」

無邪気に話す私に対して、山中さんは穏やかな表情のまま、時折ゆっくりと頷いてくれました。そして、最後まで黙って私の話を聞いてくれました。

そして私が話し終わると、彼は右手の人差し指を真っすぐに立て、その指をスッと私のほうに向けて、次のように言いました。

「それならば、**あなたが本当にしたいことは、それなんじゃない？**」

私は、自分の頭を金槌でガツーンと殴られたような気がしました！　そうか…。自分がしたいことって、レストランサービスの仕事なんだ…。そうなんだ…。

山中さんは、穏やかな表情で話を続けてくれました。

「人生は長いようで、気がつくとあっという間に過ぎて行くものだよ。私も若い時には、先のことをじっくり考えもせずに、ただただ日々の忙しさに追われて過ごしていたこともあったけれど、**自分の命には限りがあり、残された時間に限りがあると気づいた時に、人は初めて『本当にしたいこと』や『本当にするべきこと』が見えてくるんだ。**

そして、自分の人生をかけてしたいことが見えてきた時に、そのするべきことに対する**純粋な熱意こそが、その人を成功に導いて、豊かな人生を送れる大きなスイッチ**になるんだよ」

1-3 仕事やビジネスの成功において重要度70％のもの

山中さんから言われたそのひと言が、その日から自分の頭の中にずっと残りました。

「そうか。本当に自分がしたいと思う仕事があれば、それに真っすぐな情熱を注いでもいいのかな…。本当に自分は大学を中退してもいいんじゃないかな…。そして、そのままレストラン業界に真剣に飛び込んだほうがいいんじゃないかな…」


日をあらためて、私は山中さんにお会いする約束を取り付けました。私が感じている複雑な思いを山中さんに打ち明けると、次のように答えてくれました。

「そうか。本当にあなたがそうしたいと思う気持ちが強いなら、その熱意はとてもすばらしいことだよ。ただ、せっかく大学に入ったのなら、アルバイトも頑張りながら、しっかりと勉強も頑張って無事に卒業することが、一番いいことではないかな」

「そ、そうですね…。では、無事に卒業できるように、勉強もしっかり頑張ります。だけど、僕は本当にレストランの仕事が大好きなんです。お客様に喜んでもらえる仕事がしたいんです。そして、将来は自分のお店を持って、たくさんのお客様をもっともっと楽しませることができるようになりたいんです！」

「なるほど、そうなんだね。もっとこの仕事について真剣に学びたいと思うなら、お客様が大勢来てくれるお店を作るためには何が大切なのかを、この仕事を通して少しずつあなたに教えてあげることにしよう」

「はい。ありがとうございます！」


晴れて弟子入りした気持ちになっていた私に、山中さんは後日あらためて電話をくれました。そして、郊外にある彼のオフィスの応接間に、私を招き入れてくれました。

ダークブラウンの落ち着いた雰囲気の応接間には、真ん中には大きめのソファが置いてあり、そこにゆったりと腰を下ろしてみると、ちょっとだけ自分が偉くなったような気持ちになれました。そして、時間をかけて山中さんが少しずつ話しはじめてくれました。

「自分の夢を実現できるかどうか、そして自分が目指す目標を達成できるかどうかは、まず**本人の熱意でその70%が決まる**と言えるんだ。あと残りの30%がどう取り組むかの方法で決まる。

つまり、取組む方法をどれだけ一所懸命勉強して実践したとしても、それだけでは成功は簡単には得られない。

本当に**自分が熱意を注げることに夢中になっている人や、今自分がしていることが好きで好きでたまらないという人は、その分野で成功する要素を充分に持ち合わせている**と言えるんだ。

そのため、**自分の人生をかけて本当にしたいことは何なのか**、または、**あと○年の命だったら、どのように生きていきたいか**をしっかりと自問して深く考えてみることが、とても大切なことなんだよ」

「そうなんですね。だから、先日私にあんな変な質問をされたんですね」

「あはは。いきなり変な質問をしたから驚いたかもしれないね。だけど、本人が本当の気持ちに気づくには、いきなり質問するほうが、本心が見えていいかなと思っていてね」

「そうですね。僕もあの時は素直な気持ちで、すぐに自分のしたいことが出てきました」

「人によっては、今そこまで好きでしていることもないし、本当にしたいことはよくわからない…という人もいるかもしれないね。だけど、そのような場合でも、自分が**何かを達成したい**という気持ちや、**何かを手に入れたい**という目標や夢は描けるのではないかな。

または、**あの人のようになりたい**とか、**あの人のような生き方をしたい**とか思える、尊敬している人や目標にしたい人を思い浮かべることもできるはずだよね」

山中さんは、さらに声に力を込めて続けました。

「そのように、自分がこの夢を達成したい、こういう人になりたいということが明確に思い浮かぶなら、**それを達成した自分のイメージを描き、そこに焦点を当てて自分の熱意を真剣に注ぎ続ける**ことが、とても大切なんだ。

どのような夢や目標に対しても、**自分の強い熱意を持ち続けることができれば、自分が達成したい目標の70％はすでにカバーできている**、と言えるね。

このことに気づいている人と、そうでない人には、人生において大きな差が生まれる。まずは、このことをよく覚えておきなさい」

1-4

夢や目標を具体的に描く

ある日の午後、山中さんから連絡を受けた私は再び彼のオフィスを訪ねました。雰囲気もよくてくつろぎ感のある応接間の中には、彼の秘書が入れてくれた紅茶の香りがほんのりと漂っていました。すっかり私も心地よい気分になったところで、山中さんがゆっくりと話し始めました。

「あいかわらず、レストランサービスの仕事に精を出してくれているようだね。あなたを見ていると、若い頃の自分を少し思い出すよ。私のほうがもっと荒削りな感じだったかもしれないけれどね。

ところで、以前『あと1年の命だったら』と私が聞いたときに、あなたはたしかレストランの仕事をしたいと言っていたよね。ゆっくり聞いてみたいと思っていたんだけど、具体的には将来、どんな夢や目標があるのかな」

「そうですね。あらためてお話するのはちょっと恥ずかしい気もしますが、やはり将来は自分のお店を持って、たくさんのお客様に喜んでもらえるようにしたいと考えています」

「そうか。で、それからどうなりたい？」

「え？　どうなりたいって…」

「自分の商売で成功して、会社の社長になりたいのかな」

「ええ…、まぁそうですね」

「そして、お金持ちになって裕福な生活を送りたいとか」


彼にはすっかり自分の心の中を見透かされているような気持ちになり、ますます恥ずかしさが増してくるのが自分でもわかりました。


「そうですね…。できればそうなれるといいなと、ちょっと思っています」

「そうか。大きな夢や目標を持つことはとても大切なことだから、どんな夢でも恥ずかしいことはないんだよ。そして、その**夢や目標を正しい方向に正しく描くことができれば、その人は描いた目標を必ず達成して、よい人生を送ることができる**。だけど、その方向や方法をちょっと間違えると、残念な人生に変わってしまう場合もある。そのことについて、今日は話してあげようと思ってね」


彼からまた新たな学びが得られると思い、私は少しワクワクしていました。

「そうなんですね。僕も今までに学校の先生などから、夢や目標を描くことはよいことだと教わったことがあります。だけど、その方法についてはあまり詳しく教わったことがないですね」

山中さんは、いつものにこやかな笑顔で、私の顔を見ながら話し始めました。

「自分の夢や目標を描くときに、こうなりたい、これを手に入れたい、これを達成したい」などと、大きな夢を描くのは簡単だけれど、その夢や目標を描く前にとても大切なことがあるんだ。

大切なことは、**『何のために』その夢や目標を描くのかを、深く考えてみること**。ここをしっかりと考えておかないと、お金持ちになりたいと強く願い、本当にたくさんのお金を手に入れたとしても、決して幸せな生活を手に入れられるとは限らないんだ」

何のために…とか、今までにあまり考えたことがないなと頭の中で考えていた矢先、山中さんからたずねられました。

「それで、あなたはどうして成功してお金持ちになりたいと思うのかな」

「えーと、お金はないよりもあったほうがいいでしょうし、欲しいものがあれば悩まずにたくさん買えるでしょうし…」

「あはは。たしかにそうだね。でも、お金があったら何に使いたいのかな？　欲しいものが買えることはよいことだけれど、それは、何のために買うのだろうか？」

「自分の楽しい人生のため…でしょうか…」

答えに困ってきた私を見ながら、山中さんは微笑みながら話を続けた。

「夢や目標は、自分のためでもあるだろうけれど、大きな夢が叶って欲しいものが思う存分手に入ったとしても、自分がもし無人島にポツンと1人だけだったら、きっと幸せな気持ちにはなれないだろうね。

夢や目標は自分のため以上に、誰かのためを目的としていると達成しやすい。自分が愛している恋人や配偶者のため、愛する家族のため、自分の子供たちのため、自分の部下や後輩たちのためなど、自分が大切に思う人の幸せのためにその夢や目標を描くとしたら、それは**自分のための時よりも、さらに大きなパワーとエネルギーが得られる**。

または、もし具体的な人がいない場合であったとしても、社会や世の中のためとか、世界の恵まれない人たちや子供たちのためとか、**第三者のために頑張ると、その夢の実現に向けた大きなエネルギーをもらえる**んだよ。

そして、そういう目標設定をしている人たちこそ、まわりのたくさんの人たちが応援してくれて、着実に夢を達成していける人が多いんだ。そのことを、ぜひ心に留めておくといいよ」

「なるほど。そうなんですね。僕も、将来は自分のお店を持って経営したいと思いながら、あらためて考えてみると…、今はまだ自分のためという気持ちが強いくらいですが、将来結婚して一緒になる人を幸せにしたいとか、生まれてくる子供たちを幸せにしたいという気持ちは充分にありますね。

また、実際に自分のお店を持てたときには、自分や家族のためだけでなく、お店でともに働く従業員やその家族のためにも、ますます頑張ろうという気持ちになるでしょうね。決して自分のためだけではなく、そういう目標を持てるようになりたいですね」

「そうだね。それが目標達成のための大きな秘訣の一つなんだよ」

山中さんの話にすっかり聞き入ってしまっている私に、彼は続けて話してくれました。

「そして、**自分が達成したい大きな夢や目標があるならば、それをわかりやすく紙に書き出すこと**。

あわせて、大きな目標達成の前にしなければならない、小さな目標もたくさん出してみて、それらもすべて具体的に紙に書いてみるといいんだ」

その際に大事なことを付け加えておく。**夢や目標には、明確な『期日』を入れること**。一つひとつの取組みや目標を『いつまでに』完了させるのか、期日を入れておかないと漠然としたものとなり、その効果がかなり薄れてしまう。この点もきわめて重要なポイントだ」

山中さんは穏やかな表情ながら、時に声の強弱を付けながらゆっくりと話を続けてくれました。

「それらをまとめて紙に書き出すことができたら、それを**毎日自分が見るところに大きく貼り出すこと**。貼り出す具体的な場所は、自分のデスクの前とか、毎日使う場所とか、とにかく**毎日見ることができるところが最適**なんだ。

ちなみに私が若い時は、まとめて書き出した目標の紙を、家のトイレの中に貼り出していたよ。これなら嫌でも毎日見ることができるからね。ははは！」

山中さんの豪快な笑い声に、思わず自分も大声で笑いそうになりましたが、それをグッとこらえながら、話の続きを待ちました。

「書いた目標を他人に見られたくない場合や、紙を大きく貼り出すことに抵抗感がある場合は、**自分の手帳の中にその目標の紙を貼り付けるか書き出しておく**といい。

その場合、毎日見るのを忘れないように、朝の通勤電車に座ったら自分の手帳を開いて必ず目標を見るとか、会社に着いたら、一日のスケジュールの確認の前に見るとか、**少なくと**

も1日1回以上は決まった場所や時間に見る習慣をわざと作っておくといいね。

毎日、自分の夢や目標を眺めながら、自分の気持ちを高めていくことがとても大事なんだよ。これをするかしないかで、将来に大きな差が生まれる。このことも決して忘れないように！」

2章

誰もが悩む
「お客様を増やしたい」に
何から取り組むか

2-1

売上不振の時に最初に始めるべきこととは?

その後、私は山中さんに教わった夢や目標の描き方を強く意識することにより、勉強でもプライベートでも、ひとつずつ目標をクリアすることができるようになりました。

そして、大学を卒業する頃には、自分の心に正直になって将来を考えた結果、やはり「目の前のお客様にたくさん喜んでもらえる仕事」を一番したいと感じて、山中さんが展開するレストラングループに就職する道を選ぶことにしました。

「山中さんのおかげで、私は自分のしたいことに気づくことができました。そして、これからも自分に何ができるかチャレンジし続けていきたいと思います!」

私が、晴れて山中さんの会社に入社した時、山中さんも大いに喜んでくれました。

「そうか。あなたがこれからも正社員として私のレストランを手伝ってくれることが、とてもうれしいよ。ところで、新しい配属先のレストランは決まったのかな」

「はい。市街地の中心部にあるイタリアンレストランに、新たに配属が決まりました」

「そうか、よかったね。あそこの店舗だね。でもその店舗は、今の店長や料理長もちょっと苦戦しているお店だから…。まぁ、あなたにとってもよい勉強になるかな」

私は、山中さんの言葉の意味がよくわからないまま、意気揚々とした気持ちで最初の出勤日を迎えました。しかしながら、新たなお店では、大きな課題にすぐに直面することになったのです。

それは、自分が入ったお店は、思いがけずお客様がかなり少ないお店、つまり、売上不振のお店だったのです。

市街地の中心部にあるため、ランチタイムはある程度のお客様で賑わっていました。ところが、夜になるとお店の中はガラーンとなり、あまりお客様が入らない日が続きました。

一抹の不安を感じた私は早速、山中さんにアポイントを取り、すぐに会いに行きました。

「すごくきれいでかっこいいイタリアンレストランに配属になり、とてもうれしく思っています。そして、私はたくさんのお客様を喜ばせたくてこの仕事を選んだのですが、このままお客様が少ない状態で毎日営業していたら、せっかくよい店舗なのに、そのうち閉店してしまうのではと、私なりに勝手ながら心配しています」

山中さんは、いつも通りの穏やかな表情を浮かべたまま、私に話してくれました。

「そうだね。あのお店はイタリアンレストランらしいすばらしい内装を施して、おいしい料理が作れる料理人とよいサービスができる店長やスタッフを揃えてオープンしたにもかかわらず、今のところはなかなかお客様が増えない状態が続いているんだ。

では、どうだろう。これもよいチャレンジだと思って、あなたにお客様を増やすためにどうしたらいいかを一緒に考えてもらおうかな。では、あなたなら、**このお店のお客様が増えるためには、何をしていけばいいと思うかな？**」

「そうですね…。うーん、イタリアンレストランなので、料理長と相談してもっとイタリアンらしいこだわりある料理メニューを作ったり、お勧めのコース料理を提供してはどうでしょうか」

「なるほど。いいアイデアかもしれないね。でも、よい料理メニューやコース料理を準備したら、それだけでお客様が本当に増えるのかな…？」

実際に、お客様を増やすためには何が必要なのかよくわからずにすっかり困惑している私に、山中さんは次のような話をしてくれました。

「たしかに質の高い料理やコースを提供したり、心地よい接客サービスを提供することは、お客様にはとてもよいことだと思うよ。それらは、お店づくりにおいて本当に重要なことでもあるよね。だけど、それだけでは、実際にお客様が思うように来なかったりするんだ。実際の話として、次のような事例があるので、まずは一緒に考えてみてもらえるかな」

【自分のお店を出したある男性の話】

『ある一人の男性が、有名な日本料理店に15年間勤めてしっかりと料理の腕前を上げた後、長年の夢だった自分のお店を出すことにしました。接客サービスの経験もある気立てのよい奥様が新しい店で一緒に働くので、接客についても不安はまったくありませんでした。そして、繁華街の中に小ぶりながら、新しくきれいな内装の和食のお店をオープンさせました。

腕の立つご主人によるおいしい料理、奥様による気持ちのよい接客サービス、そして出来上がったばかりの綺麗な店舗。この3つが揃っていれば、間違いなく繁盛店になると、本人は自信がありました。

ところが、オープン当初は知人や友人がお祝いで駆けつけてくれたものの、それが一巡するとお客様は日に日に少なくなり、1ヶ月後にはお店の扉を開けて入ってくるお客様がほとんどいなくなってしまいました。

それでも、おいしい料理、気持ちのよい接客、そしてきれいな店舗があれば、そのうちお客様が少しずつ増えるに違いないとご主人は信じて毎日頑張ったあげく…、赤字がさらに積み重なり、残念ながら半年後にはお店を閉めなければならない状況に…。

残ったのは、開業の時にかかった出店費用と、営業中に溜まった赤字の2つの借金。その借金を返すために、やむなく以前の日本料理店に社員としてまた戻り、働くことになりました』

ここまで話した後、山中さんは私を見ながら、

「この話のようなケースを、実際によく耳にするのだけれど、せっかくのよいお店だったのに、何が足りなかったとあなたは思うかな？」

「うーん、そうですね。やはりお店の料理やサービスのクオリティをもっと上げていかないと、お客様も増えないということでしょうか？」

「たしかに、お店の料理やサービスのクオリティを上げていくことは、お店としてはとても必要なことだし、リピート客を増やすためにもとても大切なことだよね。

だけど、今話したケースの場合、ご主人は料理の腕前は充分にあるし、サービスも店舗も悪くない。だけどそれらと合わせて、もっともっと大切なことがあるんだよ」

考え込んでしまった私に、山中さんはゆっくりと説明してくれました。

「商売繁盛するための要因として、**『よい商品を作ること』の影響度合は27％**だと言われているんだ。簡単に言えば、レストランの場合、よい料理やよいサービス、よい店舗の雰囲気などが商品と言えるね。これらを高めていくことは大切だけど、逆に言えばいくらこれらを高めたとしても、店舗の業績に対する影響度合は27％程度しかない。

繁盛するために一番重要な要因は、実は『お客様に知ってもらうこと』、つまり営業や宣伝が一番大切なんだ。**この影響度合は53％ある**と言われている。

せっかくよいお店があったとしても、そのお店がどんなお店でどこにあるのかがわからないままだと、そのお店の扉を開けて中に入ってくるお客様はほとんどいないと思ったほうがいい。だけど、お店を運営している人たちは、ついつい自分のお店の中にばかりに目が行ってしまって、その点に気がつきにくい人たちが本当に多いんだ。

この**53％の大切さはレストランビジネスに限らず、実はどのビジネスにも当てはまる**ことなんだよ。よく覚えておくといい」

2-2

宣伝するエリアを絞る

事例を取り上げてわかりやすく話してくれる山中さんの話に、私も前のめりになって聞き入っていたところ、山中さんは少しだけニヤッと笑いながら私にたずねました。

「では、話の本題に戻るけれど、あなたが新しく働き始めたイタリアンレストランでは、あなたなら何をしたらいいと思う？」

「それを、私も今考えていたんですけれど、宣伝やPRが大切だということだから…、まずはお店の魅力を伝える広告チラシを作って、街の中を歩いている人たちに手渡しで配るというのはどうでしょうか？」

「そうだね。それもよいアクションのひとつかもしれないね。それで、他には？」

「えっ、まだ他にも考えないといけないんですね。そうですね…。えーっと、お店のまわりにはオフィスビルやマンションなどもたくさんあるので、その広告チラシを近くの建物の郵便受けにポスティングしていくのはどうでしょうか？」

「うんうん、それもいいことかもしれないね。で、他には？」

「え、えーっと…　では、この街で配布されている情報誌などに、お店のよさを伝えるPR広告を掲載するというのはどうでしょうか？」

「なるほど。それぞれにいい案じゃないかな。どのアクションがどれだけ効果があるのかもまだわかりにくいだろうけれど、まずは、**どのようなPRや宣伝ができるかをしっかりと考えてみて、そしてアクションすること**が、ビジネスとしてはとても大切なんだ。

早速、あなたのお店の店長に私から連絡しておくから、お店のPR活動にまずはスピードよく取り組んでみたらいいよ。そして、それぞれのPRによって、新規のお客様がどれだけ来店してくれたのかを、後で集計できるように準備してからスタートしたらいいと思うよ」

「はい。ありがとうございます！　早速取り組んでみます」

それから私は店長にも相談しながら、お店の魅力やお勧めメニューを伝える広告チラシを作成しました。広告チラシには山中さんのアドバイスの通り、お客様がチラシを見て来てくれたことがわかるように、ワンドリンクサービスの特典を付けておきました。

広告チラシが1万枚印刷されてお店に届くと、ランチとディナーの間の空き時間を使って駅前まで行き、お店のスタッフで手分けをして街中を歩く人たちに手渡して配布しました。また、オフィスビルやマンションなどの郵便受けに1枚ずつ投函して回りました。

それで後日、お店の集客状況がどうなったかというと…、広告チラシを見たというお客様に数組だけ来ていただくことができたのですが、依然としてまだまだお客様が少ない状況が続きました。そこで私は早速、山中さんに会いに行って彼にたずねました。

「広告チラシも作り、みんなであちこちに配って回ったのですが、今のところそれほど大きな集客効果は出ていないんです」

「そうか。まぁ、そうだろうね」

山中さんが無責任に軽く笑いながらそう話したので、さすがにちょっとムッときていた私に、山中さんはいつもと変わらない優しい表情で続けて話しました。

「効果がすぐには出ないこともあるけれど、まずはお店を知ってもらうことのPR方法について考えて、すぐに行動したことを称賛したいと思うよ。なぜなら、お店のPRや宣伝の必要性について考えたり行動したりすることなく、指をくわえてお客様がお店に入ってきてくれることをただ待つだけの店長や経営者も、世の中には本当に多いんだ。

先に教えた通り、**商売繁盛のためには宣伝やPRの影響度合が53%**、そして**商品のよさの影響度合が27%**。だから、お店の料理やサービスという商品をよくしつつも、その2倍以上の力を注いでPRに努めるというアクションを大事にしてほしいんだ。

そして、そのPRにおいて大切なことがあるので、それも少しずつ教えてあげよう。まず

1つ目は、PRする『エリアを絞る』こと。そして、**2つ目が『繰り返しアプローチする』ことなんだ**」

そこまで話してくれたときにちょうど、山中さんの秘書の女性が淹れ立ての香り漂うコーヒーを運んできてくれて、2人が座るテーブルにそっと置いてくれました。

「まず、エリアを絞ることについて説明しようか。ところで、先日お店のスタッフたちと一緒に、広告チラシを配布したらしいけれど、それはどこに配りに行ったのかな？」

「お店から15分ほど歩いたところにある、この街で一番大きな駅の前に行って、そこで一日で数千枚は配りましたよ。また、その駅のまわりのオフィスビルやマンションの郵便受けにも、できる限り投函してまわりました」

「そうか。お店から歩いて15分だから、1㎞ほど離れたあの大きな駅まで行ったんだね。駅前に行けば、人通りが多いから効率よく一度にたくさんのチラシを配れたんだろうね。だけど、実はそれで効果が高いとは言えないんだ。

広告やチラシによる集客効果を高めるためには、自分のお店を中心にして、ごく近い範囲に告知するエリアを絞ることがとても大切なんだ。

大型店舗などは別として、今あなたが働いているような小さなお店であれば、**最初は半径**

200m以内くらいの狭い範囲に集中して、ご挨拶回りやチラシ配布をしたほうがいいね」

「え、たった200m以内ですか？　なんかとっても狭い範囲のような気がしますが…」

「そうだね。これを初めて聞く人はみんな、同じように驚くね。でも、お店から離れた場所でせっかくチラシを配布しても、チラシのお店がどこにあるのか認識しにくいし、本当にそのお店を訪ねる確率はどうしても低くなってしまう。つまり**宣伝チラシの配布エリアが自分のお店から離れれば離れるほど、広告やチラシの反応率がますます低くなる**んだ。

街頭で手渡し配布をするなら、自店の前とかすぐ近くを通る人たちに根気強く配り続けたほうがいい。また、オフィスやマンションや住宅などのポストにチラシを入れたり、チラシを持ってご挨拶にお伺いしたりする場合にも、市街地の中の小さなお店であるならば、まずは**自店から半径200m以内くらいに絞って、その範囲内に集中して取り組んだほうが、遠くに行くよりもはるかに効率よくお客様づくりの効果が高まる**んだ」

「そうなんですね。チラシを配布する場合には、自店からエリアを絞ることが、最初は大切なんですね」

「そうだね。その狭いエリアの中で確実にお客様が増えてから初めて、宣伝するエリア、つまり自店からの半径を少しずつ拡げていくことが正しいと言えるね」

2-3 繰り返しアプローチする

「そして、お客様づくりの宣伝やPRにおいて大切なことが、2つ目の『繰り返しアプローチする』こと。宣伝するエリアを絞った上で、同じエリア内で**繰り返し繰り返し告知を続けることで**、その効果が格段に上がっていくんだ。

実際の例を少し考えてみてほしい。自分が住む家の郵便ポストには、毎日いろいろな店舗や会社の宣伝チラシが投函されるよね。

たとえばだけど、ある宅配ピザのチラシがポストに入っていたとして、初めて見た時にはほとんどの人たちがポイッとゴミ箱に捨ててしまうかもしれないよね。でも、また別の日に2回目、そしてまた別の日に3回目と、繰り返しその宅配ピザのチラシがポストに入っていたら、どうだろう。誰でもそのチラシが記憶に残りやすくなるのではないだろうか。そのうち、思わず手にとってじっくりと見てしまう人も増えてくるかもしれないね。そして本当にお腹が空いている、というときに、ちょうどそのチラシを見てしまったら…。こんな感じで、**繰り返し繰り返しアプローチを続けていると、その効果が確実に高まる**んだ」

「そうなんですね。山中さんの話を聞いているだけでも、ちょっとピザが食べたくなってきたような感じがします」

「あはは！　そうかい。話が長くなったから、ちょっとお腹が空いてきたんだろう。秘書に依頼してピザでも注文しようか。ちょっと待っていてくれ」


ピザを催促してしまったようで恥ずかしい気もしましたが、ちょっとラッキーという気持ちもあり、またそれ以上に山中さんの話の続きが早く聞きたいという思いで、ワクワクしながら私は待っていました。

「いやいや、お待たせ。ピザは頼んできたから、もうしばらく待っているといいよ。それにもうひとつ、ピザの話以外にも事例があってね。実はうちの家内には行きつけの美容室があったんだけれど、ある日いつもの美容室では、自分の思い通りの髪型に仕上がらなかったようで、ちょっと悩んでいたんだ。そんなところ、家のポストに繰り返し投函されていた他の美容室の広告チラシにふと目が止まり…。ある日、試しに足を運んでみたそうだよ。それがきっかけで、今ではその新しい美容室が、自分の行きつけのお店になったそうだ。繰り返し効果により、ひとつのきっかけでお客様が変わってしまう瞬間があるということだろうね」

「そうなんですね。繰り返しＰＲして、お客様づくりのチャンスを増やすことが大切なんですね！」

「そうだね。ちなみにこの効果には、次のような方程式があると言われている。配布チラシの枚数にも比例するけれど、それ以上に**繰り返し配布した回数の『２乗』に比例**するんだ。

配布枚数 × 配布回数の２乗 ＝ 配布チラシの集客効果

わかりやすく説明すると、仮に１万枚の広告チラシがあったとする。それを１回で１万枚配布したときに、その効果が１万枚分あったとするよ。それを式に表わすと次のようになるよね。

配布枚数１万枚 × 配布回数１回の２乗（１）＝ １万枚分の効果

これを、１回あたり２０００枚の配布として、同じ場所に繰り返し５回配布した場合には、次のような効果になる。

配布枚数2000枚×**配布回数5回の2乗**（25）＝5万枚分の効果

さらに、1回あたり1000枚の配布として、同じ場所に繰り返し10回配布した場合には、次のような効果になる。

配布枚数1000枚×**配布回数10回の2乗**（100）＝10万枚分の効果

チラシの効果は**回数の2乗に比例**するわけだから、一度にたくさんの枚数を配ればいいというわけではない。それよりも、できれば**同じ場所に繰り返し配布する回数を増やすと効果が高い。**

もちろん、1回で1万枚配布する場合には広範囲に配れるだろうけれど、1回で1000枚配布の場合には、そこまで範囲は広げられないだろう。それだけに先ほど伝えた通り、自分のお店を中心にして配布するエリアをギュッと絞ることも、合わせて大切なんだ」

「繰り返し回数の2乗に比例するんですね。では、先日私たちが一所懸命にチラシを配ったつもりでも、たったの1回だけだったから…。それで、その効果があまりないと諦めてはいけないということなんですね！」

私が教えてもらった話に驚きながら、この方程式を手帳に一所懸命に書き込んでいるときに、山中さんの事務所にアツアツの宅配ピザが届きました。

私が右手にペンを持って書き続けながら、左手でピザを取って頬張っていたので、山中さんは半分あきれて笑いながらも、ゆっくりと話してくれました。

「繰り返し回数の効果は、チラシ配布の話にとどまらず、**広告や宣伝の効果においても、または営業などの効果においても、ほぼ同じ考え方で当てはまる**と言えるんだ。

人は、繰り返し目で見たり耳で聞いたりしたことが、自然と記憶に残りやすくなっているんだろうね。人と人においても、繰り返し会えば会うほど、親密感が増していくことが容易に想像できるよね。何かの商品を買おうと思ったときには、やはり親密感の高い人から買いたいと思うのが当たり前なんじゃないかな」

「なるほどですね。この話を聞いて私は今すぐにでも、またチラシを配りに行きたくなりました。それと、うちのお店の広告チラシをまた追加印刷してもいいですか？　できれば1万枚ほど印刷して、お店の周辺に限定して繰り返し10回ほど配って回りたいと思います」

「あなたがお店に戻ったら、すぐ店長に相談して、追加印刷してもらったらいいよ。コツコツと配り続けることで、ご来店のお客様が少しずつ増えてくるといいだろうね」

後日、追加印刷した1万枚のチラシが届くと、早速1回分の１０００枚を手に持って、お店から半径２００ｍ以内のオフィスビルや事務所、マンションや住宅などに集中してチラシ配りに出かけました。直接お声掛けできそうな会社事務所や店舗があると、できる限り「こんにちは！　□□□にあるイタリアンレストランのご案内です。よろしくお願いいたします」とひと言だけご挨拶させていただいて、チラシを手渡しするようにしました。また、郵便受けがあるところには1枚ずつ気持ちを込めて投函していきました。そして、**同じエリア内に集中して、週に2回ずつ広告チラシを配布**して回りました。

これを繰り返して、10回分すべての配布が終わる頃には、「チラシを何度も何度も見てずっと気になっていて、思わず来てしまったよ」と言われて、実際にご来店されるお客様が、着実に増えてくるようになったのです。

2-4 商品を絞る。そしてその商品の魅力を圧倒的に高める

それからほどなく、私が正社員としてスタートしてから、すでに数ヶ月が経とうとしていました。ある日のこと、私は山中さんから話したいことがあるので来て欲しいとの連絡を受けました。私は何か失敗でもしただろうかと少しだけ不安な気持ちを抱えながら、山中さんのオフィスを訪ねました。

ソファに腰を掛けて新聞を読んでいた山中さんは、私が入ってくるのがわかると新聞を折りたたみながら、いつものような穏やかな笑顔とともに、よく来たねというような表情を見せてくれました。

「わざわざ来てくれてありがとう。さて、連絡をしたのは他でもない、あなたに相談したいことが1つあるんだが、いいかな」

「え？　は、はい。な、何でしょうか…」

「あなたが働いてくれているイタリアンレストランは、おかげ様で最近すっかり好調になり、本当にありがたいと思っているよ。だけど、うちの会社の中にはお客様が少なくて業績

があまり好調でない店舗が、他にもまだあってね。

そこで、あなたのそのやる気と向上心に期待して、新たな店舗に異動してもらえないかということなんだ。そこは、海鮮居酒屋という業態のお店なんだよ。

そして、もう1つ。そのお店に異動したら、あなたに店長をお任せしたいと思っていてね」

「えっ〜、今のお店でようやく社員として結果が少し出せるようになってきたところだったので…。ビ、ビックリです。でも、もっとたくさん学びたいという気持ちもありますので、私でよければ、ぜひチャレンジさせて下さい」

「そうか。必ずそう言ってくれると思っていたよ。そして、あなたなら今までに学んだことを活かして、きっとお客様を増やしてくれるだろうと期待しているよ」

自分なりに「チャレンジします！」と張り切って答えたものの、本当に大丈夫だろうかと少しだけ不安も感じつつ、早速翌月から新店長として新たな店舗に着任することが決まりました。

いきなり新店長としての着任だったので、私はそのお店にもともと在籍していた社員やスタッフたちと適切なコミュニケーションを図りながら、現状把握に努めることにまずは力を注ぎました。着任してわかったことは、既存の社員やスタッフたちは充分によい人材が揃っていること。そしてお客様は毎日そこそこお越しになられているけれど、利益が出るために必要な売上げにはまだまだ達していないお店であることがわかりました。

そこで私は、今までに学んだことを一つひとつ整理しながら、このお店の業績回復に向けて取り組むべきことを心に決めて、一つずつ実行しました。

- お店が繁盛店になるために、自分自身が**強い熱意**を持つこと！
- 社員やスタッフたちに必ずもっとよいお店になると**信念を持って伝える**こと！
- 達成したい**夢や目標を明確に書き出し**、皆がわかるように**貼り出す**こと！
- 新しい**お客様獲得のため宣伝やPRに力を入れる**こと！
- **PRチラシを作り、近隣エリアにギュッと絞って配布**すること！
- チラシは**同じエリアに集中**させて、**繰り返し10回以上は配布**すること！

もちろん、店舗にお越しになるお客様に、どうしたらもっと満足して頂けるか、どうしたらまたリピートして来て頂けるかを皆で考えながら、**ベストを尽くしておもてなし**をしよう！　とスタッフたちに伝え続けました。

取り組みを始めてから1ヶ月が経つ頃、山中さんが様子を見に来てくれました。

「どうかな。新しい居酒屋での調子は？」

「はい。おかげ様で少しずつ新しいお客様も増えてきましたし、居酒屋での接客はお客様との距離も近くて、本当に楽しいですね」

「そう感じているならさすがだね。あなたのお店づくりにこれからもますます期待したいなと感じているよ。ところで、運営していて、何か困ることとか悩むことはないかな？」

「そうですね。このお店は近隣のサラリーマンのお客様がターゲットかなと感じています。だけど、ターゲットのお客様にとって何が魅力的な商品になるのか、そこが今ひとつつかみにくいと感じています…」

「なるほどね。では、新たな視点をもうひとつ教えてあげよう。**商品の魅力を高める時にも、やはり『絞って』考えることが大切**なんだよ。たとえばだけど、今ある商品の中で、人気のあるメニューにはどんなものがあるかな？」

「はい、そうですね。海鮮居酒屋なので、『豪華お刺身七種の盛合せ』というのがお勧めですね」

「ほう…。ところで、そのメニューはいくらかな？」

「2980円です。この価格でも、内容的にはかなりお得だと思います」

「なるほど。新鮮なお刺身がふんだんに盛り込まれていて、2980円でも安いと感じるほどよい商品なんだね。では、その2980円を、思い切って1280円で販売してみたらどうかな？」

「えーっ、それは無理ですね。安過ぎです」

「あはは！　そう言わずに、一ヶ月くらいの期間限定でもいいから、一度その価格で打ち出してみてはどうかな？」

「で、でも、2980円の価格でも、原価が半分近くかかっているって料理長が言ってましたから、1280円なら原価割れ、つまり赤字商品になるかもしれませんよ」

「**お店の人がそれくらい困る商品なら、きっとお客様にはかなり喜んでもらえる**んじゃないかな。もちろん、このお店は居酒屋なので、お客様がその豪華お刺身盛合せだけで帰る人はほとんどいないはずだから、まずは私に騙されたと思ってキャンペーンをしてみたらどうかな？」

「そ、そこまで山中さんに言われたら、仕方がありませんね…。これも1つのテストかなと思って、試しに1ヶ月限定で実施してみますね」

早速、翌日から「期間限定キャンペーン」と銘打って、「豪華お刺身の盛合せ 2980円→1280円！」と店頭やテーブルでのメニューに打ち出してみました。すると、その日から、ご来店のお客様の間でもあっという間に話題になりました。

そして、どこか1つのテーブルでそのお刺身盛合せが登場すると、お客様から「え、これが1280円でいいの？ すごいねー」と喜ぶ声が上がるように…。それを見ていた隣のテーブルのお客様も「へぇー、あれいいね！ 店員さん、うちのテーブルにも1台ちょうだいよ」。別のお客様も「あ、こっちにも1台ちょうだい」と次々と声があがり、厨房が間に合わないんじゃないかというくらい、次々と注文が入るようになりました。

また、お店が建物の1階にある路面店だったので、次の日からは外を通行している人たち向けにこのキャンペーンを手作りポスターで貼り出してみました。そうすると、そのポスターを見て新たなお客様もどんどんご来店されるようになりました。

お客様はお刺身盛り合わせのメニューを楽しそうに味わいながら、それに合わせてビールや焼酎もどんどん進みます。また、お客様が店内に大勢入れば入った分だけ、その他の料理メニューもたくさんご注文が入りました。

数日後、あるお客様が3名でご来店されて、テーブルに着くなり1人の方がお連れの方々に言われました。

「まずね、**このお店に来たら、これを注文しないとね。**店長、豪華お刺身盛合せを1台ちょうだい！」

飲み物を注文するよりも先に、お客様自らお勧めメニューをオーダーしてくれました。そして、後ほどでき上った豪華お刺身盛合せをテーブルまで持っていくと、同じお客様がお連れの方にこう言いました。

「これこれ、これが1280円って、スゴイだろ！」

「おー！」

お連れの方々も思わずうなります。

そんな光景をあちこちのテーブルで見かけるようになり、私は毎日お客様たちの笑顔が楽しくてワクワクしていました。また、山中さんがこのキャンペーンを最初に提案してくれた時に、私が真っ先に反対したことを思い出すと、少しだけ恥ずかしい気持ちにもなりました。

2-5

振り切れるほど魅力が高い商品にお客様は反応する

ほどなく、ミーティングで山中さんにお会いする機会があったので、そのときに正直な自分の気持ちを伝えました。

「山中さん、先日はキャンペーンのアドバイスをありがとうございました。お勧め商品の打ち出し方ひとつで、お客様があんなに反応してくれるなんて、予想以上に本当に驚きました！　また、お客様がとってもうれしそうな笑顔を見せてくれることが、私たちにとっても大きなやりがいになるとあらためて感じました。そして何より、おかげ様で目標の集客数や売上げにも大きく近づきそうです。

そこでご相談なのですが…、このキャンペーンを1ヶ月限定ではなく、来月からもずっと継続したいと思っているのですが…」

「あはは！　そうか。よかった、よかった。そんなにお客様が反応してくれたかな。これから商売を進めていくときのヒントになったならうれしいよ。キャンペーンの継続については、お店の責任者のあなたにお任せしておくよ」

「はい、ありがとうございます。かなり好評なので、しばらくは継続していきたいと思います」

「そうだね、ちょうどいい機会だから、この考え方の詳しい内容を、ここで一度説明しておくとしようか。お客様というは本当に正直なんだよ。**お客様が圧倒的に反応してくれるのは、やはりその商品の魅力が圧倒的に高いとき**なんだ。**その商品の価格に対する価値が、常識の200%以上振り切れているの**と、お客様はものすごく反応してくれる」

「えー、200%も振り切るんですか。そんなこと簡単にできるんでしょうか？」

「実は今回の事例では、2980円の商品を原価割れも覚悟して思い切って1280円にしたから、単純に割り算をすると230%くらい振り切れた魅力がある商品を提供したことになるね。今回の場合、わかりやすく値引きをしたけれど、**気をつけないといけないのは、単に値引きをすることがよいことではない**んだ。

正しくは、もし売りたい商品の価格が2980円であるならば、その商品の価値が6000円以上はあるとお客様が感じてくれるものを作らなければ、お客様の圧倒的な反応は得られない。つまり、6000円以上の価値を充分に感じられる、ものすごく価値ある商品を作れたとしたら、それを2980円で販売すれば、そこにお客様が圧倒的な反応を示してくれるはずだよね。

注意すべき点は、**商品を『絞って』考える**こと。くれぐれもすべての商品を振り切ってしまわないように。お客様の圧倒的な反応を集めるために、**商品を『絞って』考えて、その価値を『200%以上振り切れる』まで高められる**といい。実は世の中で、行列ができるほど人気があるものは、やはり振り切れた価値を提供しているものが多いと言えるね。これからも、この考え方が大きなヒントになるから、よく覚えておくといいよ」

「そうなんですね。貴重なアドバイスをありがとうございます。絞って考えて、200%以上振りきれた価値を提供しないといけないんですね。これからも、その視点を忘れないようにしたいと思います」

2-6

振り切れるほどの魅力を考えて新たなチャレンジ！

お店は夜のピークタイムや週末などには、大勢のお客様で賑わうようになりました。お店の売上げも順調に伸びてはいましたが、このお店は夕方5時オープンでしたので、夕方6時半くらいまではお客様がなかなか増えない日も多くありました。そこで、その早い時間帯にも何とかお客様にたくさん入ってきてほしいと思い、私なりにちょっと考えてみることにしました。

「夜のお客様は、入店してきて『とりあえず生ビール！』というお客様が多いから、まずは生ビールに絞って目玉メニューを考えてみようかな…。単純に値引きすることは決して正しくはないと山中さんが言っていたけれど、200％以上の価値をお客様が感じて喜んでくれるためには、1杯500円の生ビールなら、半額の250円とかが一つの手か…。でも、なんかインパクトがないな…。

そうだ！　お客様からはお通し代を必ず300円ずついただくわけだから、思い切って夕方5時から6時半までは**『生ビール1杯目がなんと10円！』**というキャンペーンはどうだろうか！」

簡単に試算してみると、生ビール５００円の原価は約２００円。お通しの小鉢３００円の原価が約50円。生ビールとお通しで原価は２５０円くらい。タイムサービスで生ビールを仮に10円で出したとしても、ビール10円＋お通し３００円＝３１０円は少なくとも頂けるので、そんなに大損ではないかも…。よーし、1杯10円でお客様も喜んでくれるといいけれど…。


早速、私は山中さんに電話で相談してみました。電話の向こうで、山中さんは笑いながら聞いてくれていました。

「あなたが、その企画でお客様が楽しんでくれると思うなら、まずは試してみたらどうかな。仮に失敗に終わったとしても、その程度なら大きな負担にもならないだろうし、何もしないよりはいいんじゃないかな」

「ありがとうございます。そうですよね。もしかしたらお客様が反応してくれないかもしれないし、効果がないかもしれませんが…。でも、ベストを尽くしてトライしてみたいと思います！」

私は早速、『生ビール1杯目がなんと！　10円！』と書いたA4サイズのチラシを、パソコンを使って自作しました。とにかく興味を持ってもらうことを狙って、「10円！」の文字がチラシ中央の7割くらいを占めるように、デカデカと大きく入れたのです。そのA4チラシの下の方には、店名とお店の地図や電話番号なども入れておきました。

そして、そのチラシを大量にコピーして、お店のランチタイムが終わった後、夕方のオープンまでの時間には、近隣の建物の郵便受けなどに、ひたすら配布して回りました。また、お店の前を通る人が必ず気づくほど、お店の入口の両サイドにも何十枚もそのチラシを貼り出しました。

すると、貼り出した当日から、表を通る人たちが不思議そうにお店の前で立ち止り、「10円！」の貼り紙に目を止めてくれます。目を止めた人が次に起こす行動は、外から窓越しに店内を覗くこと。そして、そのまま通り過ぎる人もいましたが、4～5組に1組は本当に居酒屋の入口を開けて少し入ってきてから、次のように声を掛けてきました。

「あの、この生ビール1杯10円って、本当ですか⁇」
「こんにちは！　6時半までは最初の1杯目は本当に10円ですよ！」
「へぇー、本当にいいんですね。じゃあ2人ですが、入ってもいいですか？」
「はい、もちろんです！　お2人様ご案内します！　いらっしゃいませ‼」

こんな感じで、初日から新規のお客様が入口からどんどん入ってきてくれるようになりました。いつもなら、夕方5時から6時半くらいまで、お客様が少ししか入らなかったお店が、6時までにはあっという間に満席になりました。お客様の反応が想像以上に早くて、本当に驚きでした。

また、毎日コツコツと「10円！チラシ」を近隣に配布し続けたので、チラシを見て来たよというお客様も、日に日に増えてくるようになりました。

「あのお店は早く行けば生ビールが10円で飲めるぞ！」と、どれだけ口コミが広がったのかは正確にはわかりませんが、連日夕方5時から大勢のお客様で賑わうお店になり、お店のスタッフとともに、慌ただしくも楽しくお客様のおもてなしにベストを尽くしました。

生ビールのオーダーがあまりにも集中し過ぎて提供が間に合わない時には、お客様から「店長！　生ビール注ぐの、手伝おうか！」と、笑い声とともに突っ込みが入ることもあったほどです。

とにかく、**大勢のお客様の笑い声や笑顔に包まれることが、そして一所懸命におもてなしするスタッフたちに囲まれていたことが、そのときの私にとって、一番のご褒美**でもありました。

3章

繁盛店を作るために大切な考え方とは？

3-1

働く人たちがその気になるためのルールを考える

私が始めたコテコテの「10円生ビールキャンペーン」は、本当によかったのかどうかはよくわかりませんが、とにかく新米店長として何とかお店を盛り上げていきたい、そして大勢のお客様に来てもらいたい、という私の気持ちの表われだったのでしょう。山中さんも、私のお店に様子を見に来るたびに、にぎやかな店内を見ながら、温かいまなざしと笑顔でスタッフたちを見守ってくれました。

看板メニューとして評判になった「豪華お刺身盛合せ」、そして「10円生ビールキャンペーン」により、店長着任の2ヶ月目にはなんとそのお店の最高売上げを達成し、結果的に予想以上の利益を得ることができました。

「あなたのお店は、お客様もそして従業員も楽しそうにしていて、見ていて本当に気持ちがいいよ」山中さんから、そんな言葉をかけてもらい、私も感謝の気持ちでいっぱいになりました。

「おかげ様で、私は本当によい会社、そしてよいお店に入れたなと感じています。こんなにやりがいのある環境を与えていただいて、本当にありがとうございます！」

「そうか。そう言ってもらえると私もとてもうれしいね。そして、あなたの感じるその『やりがいある環境』を、他のお店の社員たちにももっと感じてもらえるようにしてあげたいと思っているんだが…。

うちの会社には、どのお店にも本当に腕のいい料理人やすばらしいサービスマンが揃っていると思う。それが私にとって、大きな誇りでもある。そして、うちの会社で働く彼らが、大きなやりがいを感じるためにはどうしてあげたらいいのか、また、彼らの夢や目標を叶えるためにどのような環境を作ってあげたらいいのかを、私も日々悩んでいるんだ」

「そうなんですね。山中さんでも悩むことがあるんですね」

「あはは、それはそうだよ。**商売やビジネスでは、考えないといけないことに終わりがない**からね。店舗のお客様にとっても、そして働く人たちにとっても、もっともっとよいお店になるためには、何をしないといけないかを常に考えさせられるよ」

「そ、そうなんですね。経験豊富な山中さんが、日々そんなに考えているということに驚きました。私なんかまだまだ未熟ですね」

「そんなことはないよ。若い人の感性や意見には光るものがあるといつも感じているよ。そうだね、そんなあなたに、新しい宿題を出してもいいかな？」

「えっ、ど、どんなことでしょうか…？」

「**どんな職場や会社だったら、自分やまわりの人たちがやりがいを感じられるか**をちょっと考えてみてくれないか。今のあなたは、この仕事にやりがいを感じてくれているみたいだから、その意見を私も聞いてみたいんだ。じっくりと考えてからでいいから、よければ後日教えてもらえるかい？」

「えっ～、私の意見なんて、まったく参考にならないですよ」

「まあ、いいからいいから。ゆっくりじっくり考えておいてね。では、また！」

と言い残して、笑いながら帰っていく山中さんを、私はただ茫然とした気持ちで見送りました。

「えーっと、まいったな～。自分がやりがいを感じる会社か…、そんなこと考えたことなかったな。でも、これもきっと何かのトレーニングかもしれないし、ちょっとじっくり考えてみようかな…」


それからというもの、日に日に大勢のお客様でにぎわう店舗の中でサービスの仕事を楽しみながら、空いた時間に私も少しずつ宿題について考えてみるようになりました。

「とにかく、自分はサービスの仕事が大好きで飛び込んだから、それだけで大きなやりがいは根底にあるよな…。でも、自分はこの仕事の何が好きなんだろう…。うん、やっぱりお客様の喜ぶ顔が見られることだよな…。

そして、その後自分は何をしたいんだろう。この仕事での自分の能力やセンスをもっと磨いて、自分の力でお客様がたくさん集まる繁盛店を作っていけるなら楽しいだろうな…。そして、頑張って結果が出た時は、自分の評価や給与も上がっていくならば、それも大きなやりがいにつながるだろうし…」

なんて、とりとめもなくいろいろなことを考えるようになりました。しばらくの間は、自分なりに気になったレストラン業界の情報誌やビジネス書、そして有名な経営者が書いた本などにも目を通したりしました。そして、まわりのみんなにとっても、また自分にとっても、お店や会社がどうあるべきかを、じっくりと見つめることができました。

3-2

人のやる気を引き出す考え方（その1）

およそ1ヶ月半が過ぎた頃、山中さんに連絡を入れました。

「山中さん、お忙しいところをすみませんが、自分なりに『こうだ』と思ったことをまとめましたので、一度お話を聞いていただけますでしょうか？」

「待っていたよ。では、週明けの月曜日の夕方に、私のオフィスに来たらいいよ」

私は、自分が作ったレポート1枚をカバンに入れて、約束の日に事務所を訪ねました。

「こんにちは。あれからじっくり考えてみて、自分なりにレポートにまとめてみました」

「ほう、ちゃんと紙に書いてまとめてきたんだね。では聞かせてもらえるかな」

「はい。私は会社がこんなルールを作ってくれたら、きっと今以上に大きなやりがいを感じるのではないかと思い、**『3つのルール』**をまとめました。順にご説明させていただきます」

山中さんは大きなソファに腰掛けたまま、私がまとめたレポートを両手で持ち、資料に目を通しながら真剣に話を聞いてくれました。

「では、まず1つ目です。それは**実力主義**です。私たちの仕事はおいしい料理、気持ちのよいサービス、心地よい店舗を提供すること。そして、**できる限り大勢のお客様を心から喜ばせること**です。そのため私たちの仕事では、料理、サービス、お店づくりにおいて本当に能力やセンスが高い人、つまりお客様を喜ばせる能力が高い人が、早く正しく評価されるルールがあるとよいと思います。

そして、お客様をたくさん喜ばせて、お客様がたくさんお店に来てくれたら、その店舗は必ず繁盛して、売上げも利益もきっと増えるでしょう。お客様のおかげでちゃんと利益が出たら、その**利益の一部が報奨金というご褒美として、お店の責任者や社員たちに還元されるルール**があれば、みんなの大きなやりがいにつながると思います。

ルールとして、毎月店舗ごとに利益が出たかどうかを正しく計算します。そして利益が出たら、**その利益額の10％をそのお店の社員に報奨金として還元するルール**を設定します。ただし、月間の利益率が6％以上出た場合にのみ適用するという条件にします。

たとえばですが、ひと月に600万円売上げがある店舗だとします。人件費やすべての経費を差し引いた後、36万円の利益が出たとしたら、6％以上の利益率を達成したことになります。これをクリアしていたら、利益額36万円の10％である3万6千円を、そのお店の社員にダイレクトに報奨金として支払うルールを作ります。

報奨金は、社員全員に公平に分配すると、経験や能力の差を付けられず、不公平になる可能性もあります。そのため、社員の役職で差をつけるのが適切かと思います。店長や料理長は2・0、副店長や副料理長は1・5、アシスタントマネージャーやアシスタントチーフは1・2、一般社員は1・0という役職の数字に合わせて分配をします。

もし、店舗内に店長（2・0）が1人、料理長（2・0）が1人、社員（1・0）が2人という体制なら、役職の数字の合計が全員で6・0になります。そこで、先ほどの3万6000円を6・0で割ります。これで役職1・0に対して、6000円ずつになります。なので、店長や料理長は2・0なので、6000円×2・0で1万2000円が報奨金になります。社員は1・0なので、1人6000円ずつ。このように毎月、6％以上の利益が出たら報奨金を作ってもらえると、やりがいの促進ができると思います」

「ほほう」山中さんは小さくうなずきながらも、黙って話の続きを聞いてくれました。

「そして、**半年間に溜まった利益額の30％を、そのお店の社員のボーナスの原資金に充てるというルール**も、合わせて設定します。半年間で、仮に200万円の利益額が溜まっていたら、そのお店のボーナスの原資金は200万円×30％＝60万円が原資金です。仮に400万円の利益が溜まっていたら、400万円×30％＝120万円が原資金になります。分配は、先程の役職別の数字で分配します。１２０万円が原資金なら、先ほどの店舗で役職別に計算すると、店長や料理長は40万円ずつのボーナス、社員は１人20万円ずつのボーナスです。

説明が長くなりましたが、計算方法はいたってシンプルにしていますので、ルールさえ決めれば、きっと誰でも簡単に計算できます。そして、**出た結果については、社内報や貼り紙などでみんなが情報を共有**できるようにします。

あ、最後に補足させていただきます。このルールの目的は、決して売上げや利益の追求ではありません。やはり、私たちの仕事の**真の目的であるお客様を心から喜ばせること、お客様を本当に満足させること、これらを軸にして取り組んでいくことが大前提**です。売上げや利益だけを追求しても、きっとそれは一過性で終わってしまうでしょう。やはり、真剣にお客様を喜ばせて、満足させて、そして毎月毎月のお客様をしっかりと増やして継続していくことが一番の目的です」

私が手元の資料をもとに一所懸命説明していた間、山中さんはほとんど何も言わずに、じっくりと耳を傾けてくれました。

「そうか。なるほど…。では、その次の内容も続けて聞いていいかな」

「はい。ありがとうございます！　では、次をご説明させていただきます」

3-3

人のやる気を引き出す考え方（その2・その3）

「2つ目です。それは、**自己申告制**というルールです。これは、自分たちのお店のメニューやプラン、そしてその価格、サービスのスタイルやアイデアなど、**お店に関して自分たちでよいと思うことを考えて、そして自分たちから提案しよう**という考え方です。

こんなメニューがお客様にはきっと喜ばれるだろう、こんな接客サービスをしたらお客様がもっと心地よく感じてくれるだろうということを、自分たちで真剣に考えてお店をよりよくしていけるとしたら、やりがいもとても大きいですね。

メニューやサービス以外にも、営業時間がどうあるべきかとか、店内のイスやテーブルや備品がお客様にとって適切かどうかなど、レストランは常にお客様目線で多くのことに気を遣うべきだと思っています。そのため、働く人たちが現場でよいと思うことをしっかりと提案し、日々改善していけるかどうかが鍵なのではないか、と感じています。

それから、**働く人自身の仕事内容や自分の評価についても、自己申告制を適用**したらよいと考えています。つまり、今までA店で仕事をしていたけれど、自分は勉強のためにB店に異動したいとか、結果を出しているので自分の評価や給与をこれくらいは上げてほしいというような意見も、自己申告制でいつでも自由に申請できるというルールにしたらよいのではないでしょうか。

つまり、このルールであれば、この会社が悪いとかこのお店が悪いとか上の人が悪いとか、誰か他の人のせいにすることはできなくなります。自分の意見を出して、お店や会社をさらによくしていくことも、自分しだいで自分の評価を上げていくこともできるのではないかと思います」

「なるほど…。今までにあまり聞いたことがない奇抜なアイデアだね…。そして、その次の項目もあるようだから、教えてもらっていいかな」

「はい。最後の3つ目です。それは**合議制**というルールです。お店に関して意見を出して改善するときに、やはりチームでもあり組織でもありますから、勝手に変えたらダメですよね。そのため、出された**意見や提案をどうするのか決定する方法を合議制**にします。

たとえばメニューや価格、サービスやオペレーションを変えたいという意見が出てきたときに、**関係する責任者や社員たちが集まって、1人1票ずつの権利を持って話し合いで決定**するという考え方です。役員や部長、課長、店長、料理長、アシスタント社員や一般社員まで、公平に1票ずつの権利です。よいか悪いか、変えるか変えないか、話し合いで決まらなければ最後は多数決で決定します。

これであれば、若い人や一般社員であっても、まわりの人たちや上の人たちを納得させられるよい提案であれば、自分の意見が通る可能性も充分にあり得ます。また、大勢の人たちの意見を交えることにより、最初の提案よりもさらによい提案がまとまる可能性も高くなります。

また、先ほど自己申告制のところでお話しした、社員からの昇給申請や異動申請についても、関係者で話し合って決めます。賛成が多ければ、申請の通り決まるかもしれないし、反対が多ければ見送りになるか、または他の調整案が出されることになるでしょう。

社員1人ひとりから出された意見を、上の人たちだけでなく、同じ職場の中のまわりの人たちや一般社員まで一緒になって考えて答えを出すことにより、働く人たちにとっては、大きなやりがいにつながるものと考えます。

私が考えた3つのルールというのは、以上です。一つ目はお客様を喜ばせるための**実力主義**。2つ目はお客様のためにお店をさらによくしていく**自己申告制**。そして、3つ目がそれらを決定していくルール**合議制**です。

最後までじっくり聞いていただきまして、本当にありがとうございます。山中さん、いかがでしょうか？」

山中さんは穏やかな表情のまま、最後までほとんど黙って聞いてくれていました。

「なるほど。とても面白い意見だったよ。私にとって予想外の内容も含まれていたしね。それにしても、なかなか前例がないことをよくここまで思いついたものだな」

「いいえ、実はこれらの内容は…、レストラン業界のいろいろな会社やお店を紹介した業界誌やビジネス書をたくさん読みあさりまして…。それらの本の中に紹介されていた成功事例やよいと感じた取り組み内容を、パクらせてもらいました。あ、もちろん自分なりに少しアレンジを加えてまとめましたけどね！」

「あはは、そうか。なるほどね。そして聞いてもいいかい。ちなみに利益率6％以上という基準はどこから考えたのかな」

「あ、あれですね。大手の会社でも年間の利益率が6％以上あればまずまず…というような記事を何かで読んだので、店舗の実力値と照らし合わせてみても、そのあたりの設定でどうかと…」

「そうなんだ。とにかく、よいと思える取り組みを真似してみるということは、ビジネスにおいてもとても大切なことだからね。3つのルールにはそれぞれに、なかなかよい考え方が含まれていると思うよ」

アイデアを他の会社やお店からパクったところから提案したので、山中さんに怒られるかも、と少しだけ心配もしていましたが、予想外に大きな声で笑ってくれたので、ちょっとだけホッとしていました。

「さて、あなたのアイデアはなかなか面白いけれど、本当にこのルールを適用すべきかどうかは…。そうだな、最後にもう一度確認してもいいかな。このルールがよいと思って考えた最大の目的は、あなたはどう考えている？」

「はい。まず一番の目的は、**『お客様のためによいお店を作ること』**。そして次に、**『働く人たちのやりがいを増やすこと』**。最後は、このルールだと1人ひとりにとって、自分しだい、自己責任であるため、他人のせいにすることなく、自発的に前に進んでいけるようになることではないでしょうか」

山中さんは片手を頬にあてながら、1分ほどじっくり考えていた様子でした。

「そうだね、このルールでは新たな課題も多少は出るかもしれないが…」

そして、何か腑に落ちたような表情で次のように言いました。

「よし決めた。まずは実施してみよう。このルールをベースにこれからのチームづくりを進めてみようか」

自分から提案はしたものの、山中さんがこんなにスピードよく採用するとはまったく思ってもいなかったので、私は身震いする気持ちになりました。ただ、本当にこんなルールの中でみんなが働けるのなら、自分もまわりの人たちもさらに楽しく働けるのでないかと思うと、ワクワクする気持ちが大きく増してくるのを感じていました。

実際にそれからほどなくして、全店舗の責任者や社員たちが一堂に集められ、新しく作られた「3つのルール」に関する社内説明会が開催されました。そして、これら「3つのルール」のもと、新たに取り組んでいくことが決まりました。

私が働いていた海鮮居酒屋も、お客様がかなり増えて毎月の利益も安定して出るようになっていたので、利益が適切に得られた月には、店舗の社員に報奨金が分配され、みんなでやりがいをさらに感じられるようになりました。

また、私が提案の中に含めていた通り、**全店の売上げや利益の結果と、報奨金が誰にいくらずつ支給されたかの結果も、すべて社内報に掲載され、全店舗の掲示板にも貼り出される**ようになりました。

そのため、それまであまりよい結果が出ていなかった店舗の責任者や社員たちも、今まで以上に奮闘するようになり、**お客様に喜んでもらうための新しいプランや、たくさんご来店いただくためのアイデアが、次々に各店舗で生まれる**ことになりました。

各店舗が、大勢のお客様でさらに賑わうようになると、山中さんも大いに喜んでくれましたし、私自身もこのレストラン商売の楽しさをますます感じるようになりました。

この「3つのルール」を適用後には、売上げや利益の最高記録が更新されるほど好調な店舗がいくつも出てくるようになり、そしてグループ全体の売上げも利益もぐんぐんと伸びていったのです。

3-4

お客様の行列を作るのは、実はとっても簡単なこと！

その後のある日のこと、山中さんから私に呼び出しの電話がかかりました。私はまた新しいヒントがもらえるかもと思いながら、意気揚々と山中さんのオフィスまで向かいました。

「あいかわらず、あなたは楽しそうに仕事をしてくれているみたいだね。感心するよ」

「いえいえ。まだまだ至らない点も多くて、失敗も日々たくさんあります。でも、山中さんにそう言っていただけると、私ももっと頑張らないと、という気持ちになりますね」

「そうか、そうか。では、あなたのそのやる気を見込んで、また頼みたいことがひとつあるんだけど、いいかな」

「はい。山中さんにそう言われた時点で、すでに断れないものと心得ています」

「あはは！　そんなことはないよ。新ルールでは自己申告制なんだろう。あなたが本当にしたいことかどうか、自分で判断して自由に意見を出してもいいんじゃないかな」

「そうですね。ただ、頼まれたことには、できる限りベストを尽くしたいと思っています」

「そうか。その心意気も商売にとっては本当に大切なことだよ。いいことだね。さて、その頼みたいということなんだけど、あなたにうちの会社の中で複数店舗の統括責任者をお任せしたいと思っているんだけど、どうかな？　あなたが考えてくれた3つのルールのおかげで、以前よりもぐんとお客様が増えたお店が多くなってきて、本当にありがたいと感じているよ。しかしながら、まだあまり好調でないお店もあるからね。そこで、あなたが以前担当したイタリアンレストランと、今の海鮮居酒屋と、そしてもう1店舗、新たにカフェレストランを見てもらいたいんだ」

「わわ。私なんてまだまだわからないことだらけで、そんな責任者なんてできそうにないですが…」

「そうかな。それについさっき、あなたは自分で何て言ったのかな？」

「そうですね…。断れないものと言ってしまった以上、もう自分なりにベストを尽くして頑張るしかないですね。まずはそのお店の現状を把握してみて、また相談に来たいと思います」

私がまた新たに担当することになったカフェレストランは、若いながらもイタリアンやフレンチなどの経験もあるシェフが揃っていて、料理やメニューの内容もセンスも充分によいものでした。また、オフィス街にあるレストランだったので、ランチタイムには充分な数のお客様が入っていました。しかしながら、夜になるとまわりの他のレストランとの競合により、お客様が少ない日が多い状況でした。

そこで、お客様にもっとご来店いただくために、圧倒的な魅力づくりができないかと、私も頭を悩ませたものの、なかなかすぐにはよい案が浮かばず…。早速、山中さんに連絡を取り、相談にうかがうことにしました。

「山中さん、新しいお店でもお客様の心にガツンと響く、何か新しいプランやサービスを打ち出したいとは思うのですが、今回はすぐによいアイデアがなかなか浮かばないんです」

「そうなんだね。お客様からの圧倒的な反応がほしいときには、やはり**自分たちの常識を超える発想**が大切なんだよ。私が若い頃にレストランの店長をさせてもらっていた時は、いつもこう考えていたんだよ。自分のお店の前にお客様の行列を創るのは簡単だと」

「え～。そんなに簡単ではないですよ！　だからこそ、私も毎回悩むんですよね…」

「いや、**本当に簡単なんだよ、お店の前に行列を作るのは**」

「本当にそうなんですか？」

「そうだね。では実際に考えてみるとしたら…。あなたが新しく担当したあのカフェレストランには、たしか『牛ロースステーキ　1780円』というメニューがあるよね」

「はい、たしかにありますね」

「では、その牛ロースステーキを『100円で食べ放題！』って宣伝したら、どうなると思う？」

「え⁉ 100円ですか？ どうなるかという前に、それは無理だと思います」

「まあまあ、無理かどうかは考えないようにして、ここでは、もし本当にそうしたら、考えてみてよ。さて、どうなると思うかな？」

「え～。もし本当に牛ロースステーキを100円で食べ放題なんてしてしまったら、きっとお客様が開店と同時にお店に殺到して、あっという間に満席になりますよ！ そして、お店の外にも大・大行列ができて、数百メートルくらいの行列ができると思いますよ‼」

「ほら、ごらん。**簡単に行列ができた**じゃないか」

「えー⁇ でも…、本当ですね」

「でしょう。単に行列を作ることは、本当に簡単なんだよ。そして、ここが考え方のスタートになるんだよ。牛ステーキが、もし100円ならば、きっと大行列はできるだろうね。でも、実際には大赤字になるだろうから、もちろんそれだけでは不可能だ。だけど、これをヒントにして、できそうなことを考えていくんだよ。そうだね、あなたのお店にはたしか、夜のお勧めコースが3000円であったよね」

「はい。たしかにありますね」

「では、その3000円のお勧めコース料理を予約してくれた方には、特別に＋100円で牛ロースステーキを好きなだけ食べ放題で付けてあげられるとしたら、どうだろう？」

「そうですね。たった100円だけで牛ロースステーキを出すのは不可能でも、コースと合わせて3100円いただけるなら、少し現実味が増したような気がしますね」

「そうだろうね。100円のみで食べ放題ほどの大行列とはいかないだろうけど、それでもお客様には充分な魅力を感じてもらえるかもしれないね。その魅力を事前の告知などで大勢のお客様に的確にお伝えすることができれば、店内はお客様で埋まる可能性も高まるのではないかな。


念のために付け加えておくと、今のステーキの話はあくまでも1つの例にしか過ぎない。そのため、これをその通りに実行してほしいというわけではないんだ。**どんな内容がお客様にとって魅力的なのか、そしてそれをお客様にどう伝えたらいいかを、たくさん悩んで考えてみること**が、とても大切だということだよ」

「なるほど、そうですよね。では、私たちのお店でも、何をお客様に提供してあげられるか、新たな視点でもう一度考えてみたいと思います」

3-5

お客様づくりのために、失敗を恐れずにチャレンジ！

後日、店舗の社員メンバーたちを集めて、山中さんが教えてくれた考え方をベースにいろいろなアイデアを出し合うことにしました。

最初、「100円で牛ロースステーキ食べ放題」という例を伝えたときには、他のメンバーもすぐに横に首を振りながら、「え？　そんな無茶な。あり得ない」「無理無理。できないよ」という声が上がりました。でも、最後まで考え方の理由をじっくり伝えると、「そうだよね。たしかにそれくらいのアイデアからスタートしないと、本当に魅力的な内容をお客様に提供することはできないのかもしれないね」と感じてくれたようです。

そして、自分たちの常識の中から出られないまま、ただお客様が来ないかなとじっと待つよりも、何か新しいアイデアでチャレンジをしてみよう、という雰囲気になりました。

みんなでブレーンストーミングを行なう気持ちで、遠慮なくさまざまなアイデアを出し合いました。そして、あるメンバーが次のように提案しました。

「このカフェレストランは、女性がターゲットでもあるし、とくに20代くらいの若い世代に来てもらいたいというコンセプトだから、やはり牛ステーキを出せばいいという方向性ではないよね。そこで、うちのお店にある自家製スイーツを目玉にしたらどうだろう？　日頃からうちのスイーツは、若い女性たちからの人気も高いしね」

「いいね！　では、自家製スイーツをどんな風にどれくらいの価格で出せばいいのかな…？」と、私はすかさず聞き返しました。

「そうですね、先の事例から考えてみて、夜のお勧めコース３０００円をご予約の方に限り、＋２００円くらいでスイーツをお好きなだけ楽しめるというのはどうでしょうか？」

「＋２００円なら充分に魅力も大きいと思うけれど、現実的に割が合うのかな？　料理長としては、意見はどう？」

途中から黙って聞いていた料理長も、しばらく考えた後に口を開きました。

「うーん、＋２００円でスイーツを好きなだけ取られてしまうとしたら、そこだけ見ると原価的には絶対に合わないよ。単純に試算してみて、１人が食べるスイーツの原価が５００円くらいはかかるかもしれないしね」

みんなが悩んでいるのを聞きながら、私の考える試算値をちょっと提示してみました。

「まずケース①として、3000円のコースの原価が約1000円としたら、粗利が2000円。この2000円の粗利のコースが、今は1日で平均20名くらいは来てくれているので、2000円×20名＝4万円くらいの粗利をいただいていることになるよね。

次に、ケース②として、3000円＋200円でスイーツが好きなだけ注文できて、そのスイーツが500円ほど原価がかかるとしたら、コース原価1000円＋スイーツ原価500円＝1500円が1人あたりの原価になる。この場合、いただける売上げは3200円だから、粗利は3200円－1500円＝1700円になる。

1人当たりいただける粗利は、ケース①よりも、ケース②の額が300円減ってしまったけれど、これで今よりも多い30名が来てくれたら、粗利は1700円×30名＝5万1000円。もし40名が来てくれたら、粗利は1700円×40名＝6万8000円。

ケース①で20名だと、40000円の粗利だったけれど、ケース②で30名とか40名くらい来てくれるなら、ケース②のほうがお店としてはメリットが確実に大きくなる。こう考えると、ケース②も悪くないのでは…。みなさんはどう思いますか？」

ここまで具体的に提示してみると、他のメンバーや料理長もかなり納得してくれました。そして、**「何もしないで待つより、失敗してもいいからチャレンジしてみよう！」**という意見でみんながまとまりました。

「では、この新しいプランを来月から2ヶ月間のキャンペーンとして展開しましょう。実行してみて、もし思うようなよい結果につながらなかったとしても、それはそれで仕方がありません。その時には、次のチャレンジを、みんなでまた考えましょう」

みんなの前で私はそう宣言しながら、ちょっとワクワクしていました。

キャンペーンの打ち出しのために、事前に新プランの写真撮影もして、みんなでしっかりと準備を進めました。そして、今までに実行してきた手法を活かして、エリアやターゲットを絞り、お客様へのPRには繰り返し、繰り返し力を注ぎました。

そして月が変わり、この**新プランがスタートすると、お客様からのお問合せやご予約のお電話が毎日続きました**。以前は、1日平均で20名様くらいだったお店が、1週間後には毎日30名くらいはご来店いただけるようになり、2週間後には40名、そして1ヶ月後には1日で50名近くお越しいただけるようになりました。

結局、この新プランは2ヶ月のキャンペーンで終わることなく、その後も継続してこのお店の看板プランとなりました。そしてお客様が入れば入るほど、お客様の笑顔が毎日たくさん見られるようになり、お店の賑わいとともに、皆のやりがいが増したことは言うまでもありません。

3-6

ビジネスや仕事において重要なこと、それは「自分しだい！」

カフェレストランのお客様がぐんぐん伸びている状況を実際に感じながら、私は山中さんに、すぐにでも報告したい気持ちでいっぱいになっていました。

そんな気持ちを山中さんも予測していたのか、それからほどなくして彼の秘書を通じて、一通の招待状が私に届きました。そこには、今度ランチ会を開催するので、その日に指定の場所まで来るようにと書かれてありました。

当日、待ち合わせ場所のシティホテルまで意気揚々とした気持ちで出かけると、広々としたロビーには大きなソファがたくさん並んでおり、その場にふさわしい立派な身なりの人々が徐々に集まってきていました。ほどなくして山中さんがロビーに到着すると、集まっていた人たちが笑顔になり、次々と山中さんにご挨拶しているのを見て、私はなんて場違いなところに来てしまったのかと、帰りたい気持ちになりました。

「お、無事に先に着いていたんだね。よかった、よかった」

山中さんが私に近づいてきて、声をかけてくれました。

「気軽な会と思って、ラフな服で来てしまいましたが、それでもよかったのでしょうか⁉」

そうたずねると、いつもの笑顔を見せながら山中さんは答えてくれました。

「大丈夫、大丈夫。一緒に楽しんでいくといいよ」


そのランチ会は、いつも定期的に山中さんが主催している会であり、地元の実業家や経営者、また名士の方々が大勢参加されている会であることがわかりました。私は山中さんの隣の席で、さまざまな方々にご挨拶をさせていただくことができました。そして、まわりの方々も少し落ち着いてきた頃、山中さんが私に小声で話しかけてきました。

「ここにいる他の人たちは、各業界でそれぞれに成功してきた人たちと言えるだろう。見た目には穏やかで温厚な人たちばかりと思うけど、彼らの成功の秘訣は何だと思う？」

「私とは住む世界が違う方々ばかりで、ちょっと想像がつかないですが…。やはり生まれ育った環境が違うのでしょうか」

「そんなことはないよ。彼らがあなたと同じくらい若かった時には、今のあなたほどの稼ぎもなくて、苦労した人が多いのではないかな」

「では、何が違ったのでしょうか？」

「そうだね。まず彼らは**『自分の仕事を愛して、一所懸命に仕事に打ち込んだこと』**が成功のひとつの要因だろう。そして、もうひとつ大事なことがある。それは、彼らがどんな困難な局面にぶつかったときも**『決して他人のせいにしなかった』**ことだと言えるね。

世の中には、自分の思い通りにならないこともよくある。そして、思いがけずうまくいかずに失敗に終わることも多々あるものだよ。そんなときに、うまくいかなかった理由を、条件が悪かった、まわりの環境が悪かった、はたまた、仲間が悪かった、上司が悪かった、会社が悪かった、などと、何か他のせいにしたくなる人もいるかもしれないね。

でも、ここに集まる人たちを見ていていつも思うのは、彼らはうまくいかなかったときや失敗したとき、環境のせいや他人のせいには決してしない。**必ず自分に足りないものがあったと考えるんだ**」

「そうなんですね。私ならきっとすぐにまわりの誰かのせいとか考えて、言い訳したくなりそうですね…」

「あはは。人はみんな、最初はそんなものだよ。人間は誰もが最初からそんなには強いわけではない。ついつい言い訳したくなるものだよ。だけど、成功してきた人たちは、その考え方を少しずつ訓練しながら変えているのさ。

彼らは自分が成功したときには、それは**まわりの人たちのおかげ**と言うだろう。仲間のおかげ、家族のおかげ、先輩のおかげ、先生のおかげ、などと。

反対に、自分たちがうまくいかなかったときや失敗したときには、環境のせいや他人のせいには決してしない。うまくいかなかったことは、**自分のせいであると**。**自分の知識、経験、能力、センスなどが足りなかった**んだと考える。

そして、次は自分をどう向上させていかないといけないか、何の勉強をもっとしないといけないかをしっかりと考える。そして、次は必ずうまくいくと信じて、またチャレンジする。それこそが、成功する人としない人の大きな差になっているんだよ。

大切なことは**自分しだい**であり、**自己責任**であるということ。

だから、以前あなたが提案してくれた、うちの会社で働く人たちのための3つ考え方、つまり、実力主義、自己申告制、合議制という3つのルールは、自分しだいという考え方がベースにあり、とてもよかったと私も感じているよ」

楽しいランチ会もお開きとなり、参加されていた方々が笑顔でお帰りになられていく姿を私は眺めながら、貴重な学びの機会をいただけたことに、感謝の気持ちでいっぱいでした。

4章

常識を超えた お客様づくりのポイントとは

4-1

誰も来ない郊外の山中にレストランをオープン

ある日のこと、山中さんの事務所に立ち寄ると、他の店舗の責任者たちが集まって、何やら騒がしく話をしています。何かあったのだろうか、と不思議に思いながら私も様子を見ていると、どうやら山中さんが郊外にある宿泊施設を買い取り、リニューアルオープンさせるようだという話が広がっていました。

「もともと、自治体が手がけていた宿泊施設が40年間ほど営業した後、閉鎖されてもう3年くらい経つらしいよ」他のお店のある責任者が、そう教えてくれました。

「へえー、どんなところなんだろう…」

私もちょっとだけ気になりましたが、まあ自分には関係がないだろうと思い、その日は用事がすんだ後、ほどなくしてお店に戻りました。

その後しばらくしてから、山中さんから私に1本の電話が入りました。

「あ、来週の平日の昼間にでも、ちょっと見て来てほしいところがあるんだけど…」

もしかして、と考えた次の瞬間、

「もう誰かから聞いたかもしれないが、郊外の宿泊施設を購入する予定にしていてね。そこで、どのようなことができそうか、あなたの目でも見てきてもらえないかな？　そして、その感想を聞かせてほしいと思っていてね」

「はい…。まずは見に行くということでよければ、近いうちに行ってきますね」


市街地の中心部から車で40分ほど走ると、少しずつまわりがのどかな風景に変わり、そして目的地の近くになると、林の中の山道に入って行きました。その山道のS字カーブがどんどん続き、本当に辿り着くのかどうかが不安になってきた頃に、元は宿泊施設だったという3階建てで横に広がった建物が、ようやく見えてきました。

「わあ、こんな場所にあるんだ！」少し驚きながらも、待ち合わせの施設管理人という方にお会いできて、中に案内してもらうことができました。

中をひと通り見させてもらったあと、私は何とも不安な気持ちに包まれていました。

「こんな老朽化した宿泊施設を、山中さんはどうするつもりなんだろう…。場所はこんな山の中の高台にあって、ただでさえ人が集まりそうにない所だし、ここをリニューアルさせても、本当に人が集まるんだろうか…」

後日、感じたことを素直に山中さんに報告しました。

「あはは。そうか、たしかにかなり郊外だし、何もない山の中にあるから、そこだけを考えると、不安になるのも仕方がないかもしれないね。

だけど、あの施設がある場所は、私が生まれ育った所からとても近いところにあって、小さい時にあのあたりの山の中でよく遊んだものだよ。だから、とても思い入れのある場所でね。故郷への恩返しとしても、購入することを決めたんだよ」

「そうなんですね。そんな思い出があったんですね」

「そうなんだ。だからこそ、たくさんのお客様に来てもらい、たくさん喜んでもらえる施設にしたいんだよ」

「でも、あの立地ではたしてどれだけのお客様に来てもらえるのか…。今の時点では、私にはとても自信がないですね…」

「あはは。最初からダメだと思えば、きっとダメで終わる。だけど、**ビジネスには無限の可能性がある**ことを忘れてはいけないよ。アイデアひとつで、大勢のお客様にお越しいただくことも可能だということを、決して忘れないようにね」

それからほどなくして、その宿泊施設は山中さんの意向を受けて、改装工事が全面的に始まることに。もともとあった宿泊部屋は、内装を綺麗にしてリニューアルすることになりました。

また、まわりの山々の景色も楽しめる3階部分には、大浴場として展望風呂も設けることになったのです。

それらの計画が進んでいく中で、山中さんから私に次のような依頼が届きました。

「館内のレストランについて、どのようなレストランを作ればいいかをしっかりと考えてみてほしい。そして、**お客様が心から楽しんで喜んでくれるレストラン**を作ってほしいんだ」

私は全館のリニューアル計画や構想図などを眺めながら、この施設にはいったい何人くらいのお客様がご来館いただけそうなのかを想像してみました。しかしながら、**人里離れた山道を上がっていく立地を考えただけでも、この場所に大勢の人が集まることがなかなか想像できない**のです。ざっと考えてみても、1日あたり30人くらいしか来ないのでは…と。

「30人では、きっと売上げも少ないだろうし…。本当に利益が出る施設を作れるのだろうか…」と、考えれば考えるほど、不安な気持ちでいっぱいになりました。

とにかく、何ができるかを考えるために、リニューアルに一緒に携わる料理長とともに、いろいろなアイデアを練って話し合いを重ねることにしました。

4-2

お客様目線でワクワクを追求！

そして最終的に、料理長と私で考えたことは、**「とにかく、お客様が驚くくらいワクワクするレストランを作ろう！」**ということでした。そもそも、「あんな山の中の施設をリニューアルしても、利益が得られる状態にはきっとならないだろう…」と。

そのため、最初から「きっと儲からない」と腹をくくることで、その分開き直って圧倒的な魅力が溢れるレストランを作ろう、という考えにまとまったのです。

街中でも郊外でも、ブッフェスタイルのレストランが新しく登場してきていたので、リニューアルに関係するメンバーとともに、私と料理長もありとあらゆるブッフェを見て回りました。自然豊かな田園風景の中にあるブッフェレストランや、都会の中にある高級ホテルのブッフェレストランなど、さまざまなスタイルのブッフェを視察して回りました。

素朴な手づくりの料理が並ぶお店にはそのお店独自の魅力があり、また高級ホテルのブッフェレストランには、その雰囲気に合った高級感漂う魅力がありました。

それらの魅力を少しずつ掛け合わせながら、私たちが郊外に新たに作るレストランは「自然食ブッフェ」というテーマに決定し、次のような魅力を打ち出すことにしたのです。

- 高台に建つ施設を活かして、2階フロアに120席のレストランを作る
- レストランは、前面をすべて大きな窓ガラスにして**周辺の山々の眺望**も楽しめる
- 周辺地域で獲れる**新鮮な野菜や食材を活かしたサラダや惣菜**を提供する
- **和食と洋食のシェフ**が、それぞれ手づくりにこだわり、身体にも優しい料理を提供する
- それらのメニューや料理をブッフェスタイルで**80品以上**並べる
- お客様から見えるオープンな**鉄板焼コーナー**を設ける
- 鉄板焼コーナーでは、昼は地元の**地鶏**を、夜は**牛ステーキ**を焼立てで提供する
- 信州産の蕎麦粉を仕入れ、**毎日打ち立てのおいしい蕎麦**を提供する
- 近隣で獲れる**ご当地米**の他に、**十六穀米や地鶏の炊き込みご飯**なども用意する
- **専属のパティシエ**が手づくりする**自家製スイーツを20種類以上**ブッフェに並べる
- **ドリンクも健康志向**で、身体によい飲み物を提供する
- **コーヒーは有機栽培の豆**を仕入れて、当日にミルで挽いた豆で淹れる
- ブッフェのご利用において、**時間制限は設けず**にゆっくりと過ごせる

・ホールスタッフは**ハートフルで心温まる接客サービス**をお客様に提供する
・レストランの料金は、他店の価格帯よりもリーズナブルに設定する

以上のような内容を、**お店づくりを計画する私たち自身も、ワクワクしながら決めていきました**。お客様目線でワクワクしてもらえること、喜んでもらえることを考えていくことほど、楽しいものはありません。

しかも、最初に**「きっと儲からないだろう」と腹をくくって**考えたので、これらの提供内容にかかる手間や人件費、そして原材料費などもあまり深く考えずに、とにかく**お客様にとって魅力あるものを提供したいという想い**のみで、お店づくりを追求していきました。

これだけの内容を盛り込めば、郊外の山の中にあるレストランだとしても、お客様がなんとか、1日あたり100名くらいは来てくれるのではないだろうか…と願うばかりでした。

その後、全館のリニューアル完了と合わせて、ブッフェレストランも、計画した内容に沿って完成しました。そして、料理やスイーツの試作や、調理や接客のトレーニングなども順調に進み、無事にグランドオープン前のレセプションパーティーを迎えるところまで、たどり着くことができたのです。

4-3

開業したら予想以上に…そして大失敗！

グランドオープン前のレセプションパーティーには、新しく作ったブッフェレストランに、それまでお世話になっているお客様や、日頃から支援していただいているお取引先の方々などが、80名ほどお越しになられました。そして、料理の提供や接客のオペレーションなどのチェックも、無事に行なうことができました。

「とても感じのいいレストランができたじゃないか。すばらしいね！　みんな、よくがんばったね。あとは、いよいよグランドオープンを迎えるだけだね」

当日、一緒に参加されていた山中さんもそう言ってくれて、新しくでき上ったレストランにとても満足してくれました。そして、その日のパーティーはお客様にもたいへん喜んでもらえて、無事に終えることができました。

そして、いよいよグランドオープンの日を迎えることに。混雑や混乱を避けるために、あえて平日にオープン日を設定していました。

それでも、改装工事中から噂を聞きつけていた近隣住民の方々が思いのほか大勢、足を運んでくださいました。初日のランチは60名ほど、そしてディナーも50名ほどがお越しになり、まずまずのスタートになりました。そして、社員やスタッフも慣れないオペレーションのため小さなミスは多少あったものの、何とかお客様には喜んでお帰りいただくことができました。

それから翌日、翌々日も噂を聞きつけたお客様が少しずつ増えて、店内も、ほどよい賑わいが続きました。

そして、初めて週末を迎えた土曜日のお昼には、予想以上のお客様がお越しになり、終わってみたらランチタイムだけで120名様がご来店になられたのです。

しかしながら、スタッフたちもオペレーションにまだ慣れていない中でしたから、120名がお帰りになられた後は片付けにもかなり時間がかかり、スタッフのみんなが休憩して食事をようやく摂ることができたのも、すでに夕方の4時を過ぎる頃でした。

そしてわずかばかりの休憩と食事を終えて、夜のブッフェがオープンする17時前に、レストランのフロントに戻ると…、何と、**すでに100名を超えるお客様が入口の前に群がり、今か今かとレストランのオープンをお待ちになられていた**のです！

「し、しまった…。これだけお客様がお待ちになるなら、順番を受付するシートを入口に用意すればよかった。今までのレストランでも当然のことだったけれど…。ただ、時すでに遅し…」

「えーと、大変恐れ入りますが、お越しになられた順番に、あらためて一列にお並びいただけますでしょうか…?」

入口に押し寄せているお客様に対して、遅ればせながら私もなんとか整理をつけようと試みたものの、後ろの方のお客様もますます増えてきて、すでにまったく収拾がつかない状況に…。そんなことをしているうちに、夜のレストランオープンの時間がすぐに訪れてしまいました。

そして、お客様に何とかご了承いただきながら、順番にお客様をご案内していきましたが、お客様からは、「いったいどこまで店内に入れるの?」「自分たちは待たずに入れるの?」と聞かれる始末でした。

何とか一組ずつご案内を進めるものの、たしかに、どこまでご案内できるのか、そしてご案内が途中で止まったらその後のお客様にはご納得いただけるのか、といろいろな不安が重なりながらもご案内を続けていると、店内のスタッフから私に連絡が入りました。

「すみません。店内のブッフェ料理がほとんどなくなってしまい、どの料理のお皿ももうカラカラです。そして、キッチンからの料理の補充がまったく間に合っていないんです」

自分たちの予想を超えるペースで、お客様が一度にたくさん入り過ぎてしまい、料理がまったく間に合っていなかったのです。とくに、後から店内に入ったお客様は、ほとんど空になってしまったブッフェコーナーを眺めながら、次に出てくる料理をただただ茫然と待つのみでした。

「もうダメだ…。これでは、お客様をまったく満足させられない…」

そう感じた私は、すぐにまわりにいた社員やスタッフ全員に連絡しました。

「この状態では、お客様からお金をいただける状況ではない。**今日の夜のお客様は、すべて無料にします！**」

そして、売店コーナーにたくさん納品されていたお饅頭があったので、それをすべてレストランに持ってくるように、私はスタッフに依頼しました。

私はレストラン内の**テーブルを1卓ずつ訪ねてテーブルの横にひざまずき、お饅頭をお渡ししながら、すべてのお客様に1組ずつお詫びして回りました**。

「本日はまったく行き届かず、本当に申し訳ありません。私たちの失敗です。お客様からお金を頂ける状態ではありませんので、本日の夜は、ブッフェもアルコールもすべて無料にてご提供させていただきます。そして、こちらはささやかながらですがお詫びのお品です」

「え？　私たちは早めに入ったから充分に料理もスイーツもいただいているよ。無料だなんて、そんな必要はないですよ」

そう言ってくれるお客様も中にはいらっしゃいましたが、途中から入られたお客様には充分にご満足いただける状態ではないことが明らかでした。

「いいえ、お客様によって差をつけるわけにはいきませんので、本日ご利用の方はすべて無料にさせていただきます。

お料理やスイーツをまだ充分にお取りになられていない方には、大変お待たせして本当に申し訳ありませんが、この後お料理もスイーツも必ずすべてお出しいたします。最後までみなさまにできる限りご満足いただけるよう、私たちも最善を尽くさせていただきます。お時間が許す限り、どうかごゆっくりお楽しみいただけましたら幸いです」

料理が出るまでに、たいへん長い待ち時間はいただいたものの、店内におられたお客様にも、また入口前でウェイティングされた後に入って来られたお客様にも、すべてのお料理とスイーツを無事にご提供し、なんとかご利用頂くことができました。

最後のお客様までしっかりとお詫びをしながら、すべてのお客様のお見送りをした後、私は店内で最善を尽くしてがんばったホールやキッチンのスタッフたちに、ねぎらいの言葉をかけてあげました。そして、ようやく落ち着いた後、山中さんの携帯まで電話を入れました。

「大変申し訳ありません。今日の夜はまったく料理が間に合わず、お客様には多大なご迷惑をおかけしてしまいました。そして私の独断で申し訳ありませんが、夜のお客様はすべて無料にさせていただきました」

「そうか、それは大変だったね。無料が正しいと思ったのなら、あなたの判断で間違ってはいないと思うよ。とにかく、本当にお疲れさまだったね」

山中さんは、そう優しく声をかけてくれました。

しかしながら、オープンして間もなく大勢のお客様にご迷惑をおかけする結果となり、大きな反省とともに自分たちの力不足になんとも悔しい思いが残る夜になりました。

4-4

毎日1〜2時間、ピークは3時間待ちの繁盛店に！

大失敗した日の夜はお店を片付けた後、そのまま遅い時間まで料理長やキッチン社員、そしてホール社員も全員集まり、失敗の原因を分析しました。そして、当たり前のこともきちんとできていなかったことがわかり、次の日からは同じ過ちを繰り返さないために、いくつかの対策を実行することにしました。

至って当たり前のことでしたが、入口には毎日「受付シート」をご用意して、お客様がご来店された順に、お名前と人数をご記入いただくようにしました。それと合わせて、ご案内にはお時間をいただきながら、少しずつご案内させていただくことを、スタッフが事前に一組ずつご説明するようにしました。

そして、ブッフェ料理やスイーツの提供スピードを速められるように、オープン前から仕込みの量を増やし、事前のスタンバイを徹底しました。また、**小さなミスや失敗に対しても、それらを繰り返さないための対策と改善を、ひとつずつ積み上げていきました。**

翌日からは、お客様のご案内やテーブルケアにおいても、適切なペースを維持しながら、大失敗したときと同数のお客様を無事に対応することができました。そして、日を重ねるほどに、私たちのオペレーションも上達していき、その後1週間ほど経った頃には、新店の噂を聞かれたお客様がどんどんと増えていき、ほどなくピークタイムには30分から1時間ほどの待ち時間が出るお店になっていったのです。

「昼と夜で、合わせて1日に100人くらいが来てくれたらいいかなと思って作ったお店だったけれど、気がつくと、昼だけで150人、夜も120人くらいが来てくれるお店になるなんて。こんなにお客様が増えるなんて、自分たちでも本当に驚くよね！」

スタッフたちとそんな話をしていた時期も束の間、平日でもオープン前から女性のお客様を中心に、何十人もの行列ができるお店になりました。

そして、ご来店いただいたお客様の満足度をさらに高められるよう、提供する料理やスイーツのクオリティの向上と、接客スタッフのサービスクオリティ向上に、みんなで継続して真剣に力を注ぎました。

その後、お客様の口コミや紹介が広がったこともあり、**1ヶ月後くらいには、平日でも毎日1～2時間の待ち時間が発生**することになりました。その頃には、120席のレストランに、平日には1日あたり400～450人くらいがご来店されるようになりました。また、土日祝には、ご家族連れのお客様も数多くご来店されて、1日あたりおよそ650人～700人くらいのご利用者数となり、**ピーク時には3時間待ちが発生する超繁忙店**になっていったのです！

おかげ様で、私たちの想像を超える売上げをお客様からいただくことができ、**「決して儲からない」と考えていた店舗だったにもかかわらず、実際にはオープン2ヶ月目には、予想外の売上げと利益を単月で計上**することができました。

社員やスタッフともども、毎日大変忙しい中ではありましたが、お客様が大勢来てくれるレストランの運営は、本当に楽しいものでした。そして、月を重ねるごとに売上げと利益が連続して上がっていったのです。

4-5

常識の二〇〇%を超えて魅力を高める

オープン前には、「1日に30人しか来なかったら運営していけないだろうし、せめて100人くらいは来てくれないだろうか…」という不安も抱えながら作り込んできたレストランでしたが、**2~3ヶ月後に1日あたり最大700名ものお客様が来てくれて、2~3時間待ちが発生するお店になる**とは…。新しいレストランを立ち上げた私たち自身が、一番驚いたのは間違いありません。

レストランの大盛況をもとに、日帰り入浴やご宿泊などをご利用いただけるお客様も増えていき、山の中にひっそりと建つ施設ながら、連日広い駐車場が満車でパンクするほどの賑わいが続きました。

オープン以降は、山中さんもたびたび施設を訪ねてきてくれて、大勢のお客様で賑わう状況をともに喜んでくれました。

「山中さん、実際にオープンするまでは、私はこんなにお客様が来てくれるとは、まったく想像していなかったんです」

ある日、施設内の応接室で、私は山中さんにそれまで自分が考えていたことを正直に打ち明けました。

「こんな山の中にレストランを作っても、きっとお客様はほとんど来ないだろうと私は思っていたんです。そして、絶対に赤字になるに決まっていると。

そもそも、山中さんの思い入れがあってこの場所を購入されたものだから、儲からない状態が続いても、それは自分たちのせいではないし、それでもまぁいっか、というような気持ちで考えていたんです」

「あはは。そうだったんだ。それは知らなかったよ」

山中さんは、ニコニコと笑いながら聞いてくれました。

「ただ、私たちはレストランの仕事が大好きだし、ここのリニューアル計画がスタートしたときに、山中さんが『お客様が心から楽しんで喜んでくれるレストランを作ってほしい』と言ってくれたことで、私たちの気持ちにも新たなスイッチが入ったんです」

「そうだね。たしかにそう伝えたよ」

「そして、以前山中さんが、**『魅力を高めたいものを絞り、常識の２００％以上振り切れる**

ほどその価値を高められたら、そこにお客様が集中して反応してくれる』と教えてくれたことを思い出して、それを基準に料理長や他の社員たちとも、どれだけ魅力を突き抜けて高められるかを話し合ったんです。

おかげで、**常識では考えらないほど、そして、きっとこれだと儲からない！　と思えるほど、レストランの圧倒的な魅力づくりに集中できた**と感じています！」

「なるほど、その着眼点は間違っていないと思うよ」

「実際に、手づくり料理の種類の多さ、身体にも優しい料理やドリンク、こだわりの鉄板焼きメニューや自家製蕎麦、自家製スイーツのクオリティと種類の多さ、ホテルのような接客サービスやおもてなし、時間制限なし、など、コストや手間をほとんど度外視して、純粋にこだわりや魅力を追求することができました。そのおかげで、本当に常識の２００％を超えたところを目指せたのではないかなと思います。

ただ、全員のお客様が２００％振り切れていると感じてくれたとは、きっと言えないでしょう。実際にはお客様によって、おそらく１８０％や１６０％程度にしか感じられない方も、中にはおられたのではないかなとは思いますね…」

「そうかもしれないね。だけど、**２００％以上振り切れる圧倒的な魅力を考えてスタートし**

たからこそ、少なくともお客様には１８０％や１６０％の魅力を感じてもらえる作り込みができたのではないかな。

これを常識的に考えて１００％からスタートにして、それを１２０％や１４０％まで高められるように魅力を積み上げていこうと取り組んだとしても、こちらが１４０％高められたと思ったところで、お客様はせいぜい１２０％くらいにしか感じないかもしれないね。こちらが１２０％まで高められたと思ったものは、お客様には１００％くらいに、つまり何も変わっていないようにしか感じられないものではないかと思うよ」

「なるほどですね！　やはり、２００％を超える振り切れたところを考えて、そこをスタートにすることが、お客様が圧倒的な魅力を感じてくれるキーポイントになっているんですね」

4-6

お客様から教えてもらった大切なこと

山中さんは、続けて私に話してくれました。

「今回このお店の魅力を追求してプランニングしてくれたときに、あなたはこれだけの内容を提供したら、きっと儲からない！　と思ったと話してくれたよね」

「はい。事前に山中さんにそう伝えていたら、怒られたかもしれませんが…。本当にそう思っていました」

「あはは。事前に聞いたとしても、怒ったりはしないよ」

「でも、自分ではきっと儲からない！　と感じていて、それでもお店を始めるなんて、仕事としてはダメだったかなと反省しています…」

「いやいや、そんなことはないよ。**自分たちが儲からない！と思ったくらいだから、その分お客様が儲かる！、と感じる、**つまり**お客様がこんなに得する！、と感じる内容を真剣に提供できた**ということじゃないかな」

「まあ、そういう見方で考えると、そうかもしれませんね…」

「あながち、そのスタートが成功の秘訣だったかもしれないよ」

「え、そうですかね？」

「私が以前から大切にしている言葉があって、中国から伝わったことわざで**『先義後利』**（せんぎこうり）という言葉があるんだ。これを訓読みすると、『義を先にして利を後にする』と読むんだ。

これは、中国戦国時代の儒教家『孟子』の言葉で、直接の意味としては『人として道義を第一に考えて、利益を後回しにする』ということなんだ。

そして、これは商売においても同じことが言えるのではないかな。つまり、**『お客様に義理を尽くして、お客様を一番大切に考えて取り組めば、利益は後からついてくる』**という意味に通じると、私は考えているんだ。

今回のお店では、**『自分たちは儲からない』**＝**『お客様が儲かるくらい満足度の高い内容を提供する』**と考えて作り込んだからこそ、満足してくれたお客様が予想以上に増えて、そして、その後の爆発的なご来店客数の増加につながったと言えるのではないかな」

「そ、そうかもしれないですね。『先義後利』ですか。そう考えると、今回のお店づくりにつながるところも多いかもしれませんね。

そんな言葉はまったく知りませんでしたが、今回のケースであらためて、お客様が何に大きく反応してくれるのかを、お客様から学んだような気がします」

山中さんは、ソファに腰を下ろして、ちょっとだけ深いため息をついた後、いつもとは違う、少しだけ落ち着いた声のトーンで話し始めました。

「実は、私がこの言葉を昔教えてもらったときに、ちょっと苦い経験があってね…。私がまだまだ若かった頃、自分が見ていた小さなレストランで、あるご年配の女性のお客様がお食事の後に具合が悪くなり、その後ご自宅までの帰り道で急に倒れられて、救急車で搬送されるという出来事があってね。

その連絡をお客様のご主人から受けたときには、私は『自分のお店の食事が原因とは必ずしも断定できないし…、他に原因があるのでは…』などと安易に考えてしまっていてね。初期対応から、私はあいまいな気持ちでしか対応できなかったんだ。

そんな中途半端な私の対応に、そのお客様のご主人はかなりご立腹されてしまって…。その後の詳細調査で、やはりうちのお店の食事が原因だったということが判明して…。

今考えてみても、本当に申し訳ない初期対応だったと、深く反省しているんだ。お客様が救急車で運ばれたという連絡のときに、もっとお客様の立場に立って真剣に、かつ親身になって対応しなければならなかったのに、それがまったくできていなかったんだ。お客様がお怒りになられたのも、後から考えるとよくわかることだよね。

その後は、一所懸命にお客様のご対応をさせていただいて、日が経ってようやく許してもらえたときに、そのご主人から教えてもらったんだ。『先義後利』という言葉をね」

「そ、そうだったんですね…」

「そして、このご主人もあるご商売を長くされている方だったんだよ。その方も、実は若い頃に、あるお客様に取り返しのつかないご迷惑をおかけしたことがあったらしくて。その時の経緯と、やるせない気持ちや申し訳ない気持ちになったときのことを切々と話してくれてね。

そして、相手のお客様に最後に許してもらえたときに、この『先義後利』という言葉とその意味を、そのときのお客様から教えてもらったらしい。**まずは真剣にお客様に尽くして、お客様を大事にしなさい**と。だから、今でもこの言葉を大切にしているんだと、私に教えてくれたんだ」

「その時に、山中さんがお客様から教わり、そして今、私が山中さんから教わることができて…。この言葉の重みを、あらためて感じたような気がします。『先義後利』の意味と大切さを忘れないようにして、私もこの言葉をこれからの仕事の指針にしたいと思います」

「そうだね。そして、いつか誰かに伝えられるときがあれば、あなたから、また次の人たちに伝えていってほしいと、私は心から願っているよ」

4-7

絞る、突き抜ける、振り切れることの大切さ

ある日、山中さんは全店の責任者が集まった会議の席で、話し始めました。

「今までもみんなに繰り返し伝えてきたように、お客様が反応する魅力的な商品の作り方としては、その魅力を突き抜けるほど高めることがとても大切だ。ただし、どの商品でも何でもかんでも魅力を高めたらいいということでもない。

お客様が反応する魅力的な商品の作り方としてもうひとつ大切なことは、数ある商品やメニューの中から、**『絞って』**取り組むことが大切なんだ。

自店の中で、どの点の魅力を圧倒的に高めるのか、そのキーポイントを決めたほうがいい。何かひとつの商品の魅力に絞るのもいい。あるいは接客サービスの魅力という点に絞ってもいい。または、雰囲気や内装が突き抜けて魅力が高いということでもいいかもしれない。

とにかく、**お客様が圧倒的に感動してくれるキーポイントを、まずは『絞って』決める**ことが重要だ。そして、その**キーポイントの価値や魅力を『突き抜けてしまう』**ほど、**『振り**

切れてしまう』ほど、強く強く高めるんだ。

実は、今の世の中で大勢のお客様を集めて、大繁盛している店舗や会社のほとんどが、この考え方をもとに成功していると言っても過言ではない」

「わかりやすいたとえ話をあげてみようか。あるレストランがあったとする。そのレストランには、トンカツもステーキも鶏の唐揚げも海鮮天婦羅もあったり、うどんやおそばやラーメンもあるとする。つまり、豊富なメニューがあって、誰でも好きなものを、いろいろあるメニューの中から、自由に選べるお店であると言える。

ただし、その中に突き抜けて魅力が高いメニューがないとしたら、利用した人たちがこのお店のことを、声を大にして誰かに話したくなるだろうか？」

まわりのみんなも黙ったまま、山中さんの話に聞き入っていました。

「はたまた、それとは別に、たとえばトンカツだけしかないお店があったとする。他に牛肉や鶏肉のメニューも、また魚介や海鮮のメニューも何も選べないお店ではあるけれど、トンカツだけには徹底的にこだわったお店だとしたらどうだろう？

トンカツの豚肉は、九州鹿児島で特別なエサで育てられたこだわりの黒豚だけを使用している。豚肉につける衣にもこだわり、揚げるための油にもこだわり、揚げ方にも相当なこだわりがあるお店なら、どうだろう。そして、そのトンカツに相性抜群なオリジナルソースと、産地と鮮度にこだわったシャキシャキのキャベツの千切りも添えられている。合わせて、産地と炊き方にもこだわった白御飯と、こだわりのお味噌を活かした味噌汁も一緒に味わえる…。

たとえ話をしただけでも、こんなトンカツ屋さんがあったら、かなり行ってみたい気持ちになるのではないだろうか…。そして、そのお店のこだわりのトンカツを食べた後には、そのおいしさや魅力を誰かに声を大にして伝えたくなるのではないだろうか。もちろん、そんな話を人に伝えながら、自分もまた行きたいという強い気持ちになるのではないだろうか…」

「他にはこんな例ならどうだろう。カウンターしかない小さな小料理屋があったとする。そこで出されるお料理は、お店の女将さんが丁寧に手づくりをしたものだったとしても、やはり一流の料亭や日本料理屋でプロの料理人によって提供される料理には、とても及ばないかもしれない。

だけど、その女将さんや接客スタッフさんたちの接客サービスという点において、突き抜けて魅力が高かったらどうだろう。来られたお客様の顔を覚えるのが上手で、いつも気軽に名前を呼んで話しかけてくれたらどうだろう。そして、お客様が好きなものまで細かくよく覚えていて、いつもその好みに合わせて飲み物や料理を出してくれたら…。または、以前話をした内容をよく覚えていて、その話の続きが気軽にできたら…。

そのうち、久しくお店に顔を出していないと、そのお店から季節のご挨拶ハガキが届いたり、「時間があればまた来てくださいね」と電話やメールが入ったりしたら…。やはり、その女将さんやスタッフさんたちのおもてなしのことを、あなたも誰かに話したくなったり、またそのお店に行きたくなったりするのではないだろうか…。

自店の魅力を高めるために、料理という商品だけがキーポイントではないんだ。料理の質で勝負できるわけでなければ、接客サービスやおもてなしにおいてキーポイントを作り、その魅力を圧倒的に突き抜けて高めることで勝負することもできる。

また、料理やサービスだけではなく、店内の雰囲気やハード（内装）などに大きなキーポイントを作り、他店にはない圧倒的な魅力ある雰囲気を演出しているお店もあるだろう。それもまた、大勢のお客様を集める魅力のひとつには充分になり得るんだ」

詳しい説明に、私は新たな気づきをたくさんもらえたような気がしました。山中さんの話を忘れないように、ポイントとなる部分を、無心になって手帳に書き続けました。

「ただし、普通に考えると、世の中には自分と同じような商売をしている人たちが五万といると言えるだろう。そして、その中の誰もが、できる限り、自分たちの商品やサービスの魅力をもっと高めよう、もっとよくしようと思っているはずだ。

それだけ多くの人たちがしのぎを削って、他のお店よりもクオリティ向上や満足度向上を目指しているだけに、魅力を普通に高めようと思っても、みんながどんぐりの背比べになっているだけかもしれないね。

だからこそ、以前にも話した通り、『200%以上振り切れたところ』を先に考えたほうがいい。**他人よりも、他の商品よりも、業界の常識よりも、『200%以上振り切れたところ』に高い目標をまず置いてから、それから現実的にそこに到達するために何をするべきかを決めていくといい。**

それが、他とは違う突き抜けた魅力を、そして大きな成功や大繁盛を生むポイントになるんだ」

料金受取人払郵便

神田局
承認
7373

差出有効期間
令和3年7月
31日まで

郵便はがき

101-8796

511

(受取人)
東京都千代田区
神田神保町1－41

同文舘出版株式会社
愛読者係行

毎度ご愛読をいただき厚く御礼申し上げます。お客様より収集させていただいた個人情報は、出版企画の参考にさせていただきます。厳重に管理し、お客様の承諾を得た範囲を超えて使用いたしません。

図書目録希望　　有　　無

フリガナ		性　別	年　齢
お名前		男・女	才
ご住所	〒 TEL　　(　　)　　Eメール		
ご職業	1.会社員　2.団体職員　3.公務員　4.自営　5.自由業　6.教師　7.学生 8.主婦　9.その他(　　)		
勤務先分類	1.建設　2.製造　3.小売　4.銀行・各種金融　5.証券　6.保険　7.不動産　8.運輸・倉庫 9.情報・通信　10.サービス　11.官公庁　12.農林水産　13.その他(　　)		
職　種	1.労務　2.人事　3.庶務　4.秘書　5.経理　6.調査　7.企画　8.技術 9.生産管理　10.製造　11.宣伝　12.営業販売　13.その他(　　)		

愛読者カード

書名

◆ お買上げいただいた日　　　　年　　月　　日頃

◆ お買上げいただいた書店名　（　　　　　　　　　）

◆ よく読まれる新聞・雑誌　（　　　　　　　　　）

◆ 本書をなにでお知りになりましたか。

1．新聞・雑誌の広告・書評で　（紙・誌名　　　　　　）

2．書店で見て　3．会社・学校のテキスト　4．人のすすめで

5．図書目録を見て　6．その他（　　　　　　　　）

◆ 本書に対するご意見

◆ ご感想

●内容	良い	普通	不満	その他（　　　）
●価格	安い	普通	高い	その他（　　　）
●装丁	良い	普通	悪い	その他（　　　）

◆ どんなテーマの出版をご希望ですか

<書籍のご注文について>

直接小社にご注文の方はお電話にてお申し込みください。宅急便の代金着払いにて発送いたします。1回のお買い上げ金額が税込2,500円未満の場合は送料は税込500円、税込2,500円以上の場合は送料無料。送料のほかに1回のご注文につき300円の代引手数料がかかります。商品到着時に宅配業者へお支払いください。

同文舘出版　営業部　TEL：03－3294－1801

4-8 自店のお客様が増えないのは他店のせいではない

山中さんは会議の中で、さらに話を続けました。

「どんな繁盛店でも、それがずっと続くわけではない。ときとして浮き沈みを味わうこともある。今はものすごく繁盛しているお店でも、思いがけずお客様のご来店数が落ち込んでしまい、苦しい思いをする時期もあるものだよ。

そのときに、自店のお客様が減っていく理由を、人は次のように考えることが多いのではないだろうか。

『新しいお店が近くにオープンしたので、お客様がそちらに流れている』

『経済が悪化して不況になったため、お客様が使うお金が減っている』

『消費税が上がったので、お客様の財布のひもが固くなっている』

こんな感じで、普通の人たちは、理由を外部に見出そうとするものなんだ。だけど、はたして本当にそうなのだろうか?

よく考えてみてほしい。あなたのお店のお客様が少しずつ減ってきたときや伸び悩んでいたときでも、他に繁盛しているお店は必ずどこか別にあるはずではないかと。

本当に人気のある繁盛店であれば、他のお店に関係なく、絶えずお客様が殺到して行列しているのではないだろうか。本当に人気があるお店であれば、数週間先や数ヶ月先の予約が取れないほど、予約がびっしり埋まっているのではないだろうか」

話を聞いていた他の店長たちも、山中さんの話にうなずきながら聞いていました。

「つまり、私が言いたいのは**『お客様は本当に正直である』**ということなんだ。**あなたのお店の魅力や満足度が圧倒的に高ければ、お客様は行列に並んででも、あなたのお店に入りたいと思ってくれる。**または、2ヶ月や3ヶ月先まで待ってでも、あなたのお店に予約を入れたいと思ってくれる。

だけど、あなたのお店のお客様が少しずつ減ってきているとしたら、お客様はただ単に『あなたのお店の魅力やクオリティが、期待よりも減ってきている』と感じているだけなんだよ。**『お店のお客様が減る=そのお店の魅力やクオリティが下がっている』**ということだけなんだ。だけど、人は自分を否定したくない感情を持っているだけに、この単純な方程式に気づけない責任者や経営者がどれだけ多いことか…。

しかも、自店の魅力やクオリティが下がってきていることは、わかりやすい場合もあるけれど、実際には目に見えない場合が多い。わずかな低下は、自分たちでは本当に気づきにくいことが多いんだ。

たとえば、１００枚の紙の束があったとしよう。この１００枚の束の中から、1枚だけ紙を抜いて減らしたとしたら、１００枚のときと比べて紙の束の厚さが99枚に減ったことに気づける人はどれだけいるだろうか？　まずほとんどの人が気づかないだろう。

だけど、1日に1枚ずつ減っていくとしたら、どうだろう。10日で10枚減り、20日で20枚減り、1ヶ月経つ頃には、１００枚の厚さが70枚の厚さに減ってしまっている。１００枚と70枚を同時に直接比べたら明らかな差に気づくだろうけど、1枚1枚少しずつ減っていく時には、当事者はほとんど気づかないのが現実だ。

気づかないうちに1枚ずつ失うお店は、やがて80枚や70枚になる。逆に、１００枚から1枚ずつでもコツコツとクオリティを積み上げていけるお店は、確実に１２０枚や１３０枚になる。こうして毎日毎日ほんのわずかな差が生まれるだけで、気がつかないうちに、この2つのお店には大きな差ができているんだ」

「これからみんなは、**『理由はすべて自店の中にある』**ということを覚えておくといい。外部の要因を考える必要性はほとんどない。自店の中を謙虚にかつ客観的にしっかりとチェックをして、自店の魅力やクオリティの何が落ちてきているのかを分析したほうがいい。

料理のクオリティや満足度が落ちてきているのか、または接客サービスや気遣いのクオリティが落ちてきているのか、または清潔感や心地よさの欠如など、雰囲気のクオリティが落ちてきているのか…。はたまた、支払う価格やお客様の期待値に対する満足感が足りていないのか…。

もし、客観的にチェックしたり分析することができないなら、自店のお客様からできるだけ多くの意見を集めるといいだろう。または、謙虚な気持ちでプロの専門家から意見を聞くことも、ときには大切かもしれないね。

そして、謙虚にかつ素直に自店のクオリティ改善と向上に努められる人こそ、また自分自身の改善と向上に努められる人こそが、ビジネスにおいて成功する人だろう。これは私自身が長年のビジネスを通して学んできた、大きなポイントと言えるね」

4-9

お客様は「わぁー♪」に反応する

会議で山中さんの話をじっくりと聞きながら、私はあらためて身体の中が熱くなる気がしました。

「お客様に対するクオリティを日々コツコツと積み上げていけるお店だけが、真の繁盛店として継続できるんだろうな。そして、**自分たちのお店の魅力を絞り、もっともっと突き抜けるほど、その魅力を高めていかなくてはいけない**。自分たちのお店でもまだまだできることと、いや、しないといけないことがたくさんあると、あらためて痛感させられるな…」

そんなことをつぶやきながら、私は会議中にずっと一所懸命に自分の手帳にメモを取り続けていました。

そして短い休憩を挟んだあと、会議が再スタートして山中さんのレクチャーがまた始まりました。

「さて、お客様が反応してくれる考え方について、今日はみんなにたくさん説明したけれど、整理して頭に入ったかな。最後に大切なことをもう一つお伝えしておこう。

それは、**人は『感情』で動くもの**ということだ。本人が『〜したい』という気持ちが大きく動いた時に、それを行動に移す。お客様が自分で、行きたい、利用したい、楽しみたい、などと思った時に、初めてお店に来てくれて売上げが発生するんだ。

私たちが、いくら**お客様に、来てほしい、買ってほしい、利用してほしい、と強く願ったとしても、決定権は私たちにはまったくない。その決定権はお客様のみにある**んだ。この原理原則は、今も昔も変わらない。その点はくれぐれも忘れてはいけない。

だからこそ、お客様に『〜したい』と思ってもらうために、私たちは何をしないといけないのか。どうだろう、みんなはどんなふうに考えるかな？」

思わず私も他の店長たちも、山中さんの話に引き込まれながら、黙って聞いていました。

「お客様に『〜したい』と思ってもらうために、そのスイッチが入る要因を考えてみてほしい。『〜したい』と思うスイッチが入るのは、要因となる何かの情報や刺激を得て、感情が揺れ動いたときと言える。人間は日々、自分の五感を使って情報を得ている。五感とは、つまり**視覚・聴覚・嗅覚・触覚・味覚の五つだ**。だから、この五感をうまく刺激できると、お客様の感情はものすごく反応してくれるんだ。

ちなみに、人は**視覚でおおよそ80％の情報を得ている**と言われている。2番目が**『聴覚』**

で10%、そして、あと残り10%が嗅覚・触覚・味覚になる。つまり、まず**80%の視覚を上手に刺激する**ことがもっとも大切だ。単純に、人は目に入るもので**『わぁー♪』『すごい!』**などと思えるものには、ものすごく感情が動きやすい。だから、何がお客様の感情にスイッチを入れられるかを探すときには、これらの言葉をイメージしながら考えていくといいだろう。

レストランで考えるなら、料理メニューや接客サービス、店内雰囲気などにおいて、視覚的な点で圧倒的に**『わぁー♪』**とか**『すごい!』**と思ってもらえるものを作り込んでおくと、お客様の感情にスイッチを入れやすいだろう。

そして、視覚とリンクしながら、次にはシズル感などの音で聴覚を刺激できるといいだろう。そして香りで嗅覚を、そして料理やドリンクでは、そのおいしさや味わいによって、味覚や触覚を刺激できるといい。

とにかく、視覚を第一に刺激しつつ、その他の感覚と重なり合ってお客様の感情に響くものを提供できたならば、その人の記憶に強烈な印象が深く残るはずだ。

あなたたちのお店には、そう思ってもらえるものとして何があるかな? また、他のお店で『わぁー♪』『すごい!』とお客様が反応している場面として、どのようなものが考えられるかな? どんな事例があるか、じっくりと思い出してみるといい。たとえを挙げるとすると…次のような例が考えられるだろう」

- 海鮮料理屋…新鮮なイカの活き造りのお刺身がまだ動いている！
- スペインバル…直径1mを超える巨大でカラフルなパエリア！
- スイーツショップ…カメラで撮りたくなるほどポップで色鮮やかなスイーツ♪
- 居酒屋…見たことがないほどの巨大なグラスで提供されるドリンク！
- レストラン…プレートの上に宝石のように散りばめられた数々の料理♪
- ホテル…結婚記念日の宿泊で、思いがけずお祝いの花束が♪
- 観光地…ソフトクリームの上に金箔がビッシリ！

「…などなど、お客様の視覚に一番響く事例を挙げるとすれば、世の中には数えられないくらい、たくさんの事例があるだろうね。

大切なポイントとして、**お客様が両手を顔の横に広げて『わぁー♪』『すごい！』と言っているイメージが本当に描けるかどうか**を大事にしてほしい。お客様がそこまでのリアクションをしてくれるほど、五感を圧倒的に刺激できる魅力あふれるものを提供してこそ、初めてお客様は感動してくれるのではないかな」

4-10

お客様が他のお客様のそでを引っ張って連れて来る

「そして、人はこの**『わぁー♪』『すごい!』と声に出るほどの感動体験があって初めて、他の人に必ず伝えたくなる**ものなんだ。『ものすごくよかった!』という印象や感動が強ければ強いほど、必ず人はまわりの大勢の人たちにたくさん伝えてくれる。

それは1人に伝わるだけでなく、感動したレベルが高ければ高いほど、10人や20人にすぐに伝わるものだ。そして、その話を聞いた人たちの中から、同じ体験をしたいと行動に移す人たちが出てくる。そして、その人たちが同じような感動体験を受けたならば、また次の新たな人たちにその体験を伝えてくれる。

こうして、『わぁー♪』『すごい!』という感動体験の口コミは、最初に発した人の想像以上に広がっていく。そのため、**たった1人の口コミから100人や200人に広がっていく影響力が充分にある**と言われている。

ましてや、今の時代は直接的に人の口から耳へ伝わるだけでなく、誰かのブログやSNSの写真や動画を通して、一瞬にして大勢の人たちに伝わっていく。今の時代なら、みんなも他の誰かのブログやSNSの投稿を見て、そのときに『わぁー♪』『いいなー！』と感じたことが、きっとあるはずだ。そして機会があれば、それと同じ体験をするために、そこまで出かけていったこともあるのではないかな。

それだけに、カメラやスマホなどで撮影した写真や動画を通して、視覚的に他の人に魅力や感動を伝えられるものがあれば、これからの時代はますます話題になりやすいと言えるね。

どれだけ香りよくおいしいものであっても、今の時代の技術では、どうしてもブログやSNSなどの画面を通してそれらを伝えることはできない。だからこそ、『わぁー♪』『すごい！』を視覚で感じてもらえる、他とは違う魅力を打ち出す必要があるだろうね」

なるほどたしかに…と私も思いながら、早く自分のお店でもそういう魅力を新たに作りたい気持ちでいっぱいになっていました。

「私も若い頃にお店を切り盛りしていたとき、お客様が他のお客様を連れて来て、『これこれ！　ここの○○を試してみてよ！』なんて話をしてくれていたら、こちらもワクワクしたものだよ。なぜなら、その後決まって連れて来られたお客様の『わぁー♪』とか『すごい！』という声を聞くことができたからね。

こんな場面のことを、私は**『お客様が他のお客様のそでを引っ張って連れて来る』**と呼んでいるんだ。実際には、本当に相手のそでを手で握って引っ張って来るわけではないけれど、そういう場面を作ることができるかどうかがポイントだ。

自分たちが提供しているものの中で、お客様が他のお客様のそでを本当に引っ張ってでも連れてきたいと思えるものが、はたしてあるかな？　まずは自分たちのお店のことを謙虚に見直してほしい。そして、そでを引っ張るほどの魅力がまだないと思えるならば、そうしてもらえるような魅力をぜひ追求して、新たに作り出すことにチャレンジしてみてほしいね。

そして、本当にそんなシーンがイメージできるような魅力あふれるものを提供できたならば、お客様からお客様へと連鎖していく『わぁー♪』『すごい！』の声をたくさん聞くことができるだろう。また、それが私たちにとっても、一番うれしくもあり、楽しいことでもあるだろうね」

お客様が他のお客様のそでを引っ張って連れて来たくなるほどの魅力があるかどうか…。

私は頭の中で自分たちのお店のことを考えながら、早く帰ってお店の他のスタッフたちに話したいという気持ちで熱くなっていました。

5章

行列を継続するために大切なこと

5-1

車でしか行けない郊外の温泉施設で、圧倒的な繁盛店を目指して

それからしばらく経ったある日のこと、山中さんから私に直接電話がかかってきました。

「今度の○月□日のお昼に、あなたのスケジュールは空いているかな。ある温泉施設まで、私を車で乗せていってもらえないだろうか。車で行けば、30～40分くらいのところみたいだから」

約束の当日、山中さんを乗せて車で郊外まで走ると、標高１５０ｍほどの丘の上に立つ温泉施設に到着しました。駐車場も２００台くらいは車が停められそうなほど充分に広く、比較的大きめな温泉施設でした。

私はてっきり気軽な店舗視察かと思い、ドライブ気分で車を降りたところ、その温泉施設の玄関では立派なスーツ姿の50～60代と思われる男性が４人、山中さんの到着を待っていました。

「山中さん、お待ちしておりました」その４人のうちの一番年上で身なりも立派な方が、に

こやかな笑顔で私たちを出迎えてくれました。「さぁ、館内をご案内いたしますね」

私は、その男性4人と山中さんの後をついていきながら、今から何が始まるんだろうと思いながら、1人で勝手にワクワクしていました。


案内された施設内には、男湯と女湯に分かれた天然温泉の大浴場があり、それぞれ大きな湯船の内湯、水流が勢いよく出てくるジェットバスや、ゆっくり過ごせる低温風呂、別室になった高温のサウナなどがありました。そして、外へつながる扉を開けると、高台から見下ろす眺望も楽しめる露天風呂もありました。

大浴場の他に館内には、貸切の露天風呂が楽しめる家族風呂もあり、また他にもボディケアコーナーや、軽食コーナーなどもありました。

言わば、スーパー銭湯ブームの時にあちこちにできた温浴施設のように、大浴場やお食事、ボディケアなどが揃った立派な温泉施設でした。ただ、平日の昼間ということもありましたが、館内のお客様はさほど多くなく、少し閑散とした雰囲気でした。


詳しいお話を聞いていくと、4人のうち一番立派な身なりの方が、こちらの温泉施設を経営する会社のオーナーであることがわかりました。その方が紳士的で丁寧な物腰で、山中さんに話しかけました。

「館内をご覧になられて、いかがでしたか？」

「そうですね。館内は充分に広く、ゆっくり天然温泉も楽しめるとは、なかなかいい施設ですね」

「そうなんですよ。ただ、ここを開業させてから今は4年ほど経過しているのですが、近年は思うように客足が伸びておらず、どうにかしたいと考えていたところなんです。そのような中、山中さんの会社が手掛けられたあの施設内にある、噂のレストランを先日われわれも見てきましたよ。そして、平日は1～2時間待ち、土日祝には2時間以上の待ちも発生しているとのことで、本当にビックリしました。そこで、あのような大行列ができるレストランを、ぜひ私どもの温泉施設内にも作っていただきたいのですが、いかがでしょうか？」

その後も、お互いに和やかな会話が続きましたが、ここを見に来ることになった話の経緯を、私も理解することができました。


帰りの車の中で、山中さんが私に話しかけてきました。

「いま見てきた温泉施設、あなたはどう思うかな？」

「うーん、そうですね。館内には立派な天然温泉の大浴場もあって、なかなかいい施設ですね。ロビーも広いし、軽食コーナーにも充分な客席スペースがありますね。ただ…、先方も言われていましたが、あれだけの空間がありながら、やはりお客様が少ないかなと感じましたね」

「そうだね。あれだけの施設なら、もっと大勢のお客様を受け入れられる余裕が充分にありそうだね。ところで、あなたならあの館内にお客様がもっとたくさん集まるレストランを作ることができそうかな？」

「はい。今までに私たちが作ってきたような、他にないくらい圧倒的な魅力が溢れるレストランを館内に作れば、もっともっと大勢のお客様にお越しいただけると思います。**こだわるポイントを絞り、他店が真似できないほど突き抜けた魅力があるレストランを作ることが大切**ですね。そうすれば、きっとお客様の行列を作ることも充分に可能だと思います。

そして、新しいレストランを館内に作るだけでなく、できれば館内全体をリニューアルしてクオリティを高めていけるなら、さらに良いと思いますね。接客サービスのクオリティも高めて、館内の雰囲気もさらによくしていけば、魅力がもっともっと高まるでしょうね！」

「そうか、なるほど…。では、先方のオーナーさんには、施設全体のリニューアルについても話をしてみようかな」

それから数日後、山中さんから私にまた電話がかかってきました。先方の会長さんとの話し合いにより、この温泉施設について、施設全体を見直しして全館リニューアルを手がけることが決まったことを、私も教えてもらうことができました。

そして、それらのために先方の会社と山中さんの会社の共同出資により新会社を作り、これらの事業にあたることが決まったのです。

とにかく最初は、私はワクワクするばかりでした！　これから作るこの店舗で、山中さんから教わってきた学びを活かしながら、行列ができるほどお客様でにぎわうレストランをどのようにして作っていくことができるのか、ただただそれを考えながらワクワクしていたのです。

5-2 新たに郊外に出店した店舗も、行列ができる繁盛店に

その後、私や料理長や他の社員を含めたリニューアルオープンのチームは、都市部から車で30分ほど離れたその温泉施設の一室に「開業準備室」を新たに作り、それから2ヶ月間ほどの短い期間で、改装計画と開業準備を進めることになりました。

そして、その温泉施設まで打ち合わせに来られた山中さんに、私たちが考えるリニューアルプランを次のように説明いたしました。

「この温泉施設のリニューアルの目玉として、これまでにも私たちが行列の実績を作ってきた自然食ブッフェレストランを核にします。経験豊かなシェフたちがひとつずつ手づくりして提供する、他店が真似できないほど種類も多いブッフェ料理と、パティシエが手作りする魅力あふれる自家製スイーツを提供することで、お客様の行列ができるレストランを目指したいと思います。

そして、館内の奥のスペースには、高台からの眺望も合わせて楽しめる『展望奥座敷』を

作ることにします。展望奥座敷では、個室仕立てにもなる和室にて季節の会席料理が味わえるスペースにします。

合わせて、全館の雰囲気も暖かみのある木目の色調に統一し、玄関からロビーや廊下なども、すべて雰囲気を刷新します。

さらに、接客サービスについても、**高級ホテルや高級旅館のような、気配りの行き届いた接客サービス**をひとつの目標に掲げて作り込みをします。そのために、みんなでサービスやおもてなしのトレーニングに励みたいと思います」

「いいね！　お客様に本当に喜んでもらえるよい施設になることを、今から楽しみにしているよ」

山中さんも、私たちによるリニューアルオープンを心待ちにしてくれました。

そして2ヶ月後には、新会社による施設リニューアルオープンを、満を持して迎えることができたのです。

おかげ様で無事にオープンしてからほどなく、客席数150席のブッフェストランは毎日ピークタイムには満席を超えるようになり、長い待ち時間が発生するようになりました。前にもお伝えした通り、**他のレストランでは真似ができないような圧倒的な魅力を、このレス**

トランでもしっかりと作り込むことができたことが理由の一つに挙げられると考えています（詳しい内容は4章2項をご参照下さい）。

一度来て頂いたお客様が「わぁー♪ ここはすごくいいね！」と感じていただけると、次のご来店に高い確率でつながることを、あらためて感じることができました。そして、お客様が圧倒的に満足されると、そのまわりの人たちに次々と口コミで伝えてくれたのです。

そして、一度お店のファンになってくれたお客様は、また**「新しいお客様のそでを引っ張って」**お店に連れてきてくれます。そういうありがたいお客様がたくさん増えていくことで、私たちは毎日感謝の気持ちで、最善のおもてなしに力を尽くすことができました。

5-3

お客様の満足度とお店の利益の大切なバランスとは？

おかげでその後、このレストランは平日に1～2時間、土日祝には2～3時間待ちが発生する状態が続きました。

ただし、お客様が大勢来てくれることにあぐらをかいているだけでは、お客様の数を維持することも、行列を継続させることもきっとできないだろうと感じていました。今の時代、まわりには常に新しいお店が次々にできます。新しいお店ができれば、やはりお客様は、新しいお店がどのようなお店なのか、そちらにも足を運んでみたくなるのも当然です。

だからこそ私たちのお店では、**お客様に継続して来ていただくためにはどうしたらよいかを真剣に考えて、さらにチャレンジしたい**と考えていました。そのチャレンジこそが私たちにとって、お客様との「真剣勝負」でもあると思ったからです。そこで、お客様に対して何を大切にしたらいいかを相談するために、あらためて山中さんを訪ねることにしました。

「山中さん、お店にお客様が繰り返し繰り返し何度も来ていただけるようになるためには、私たちは他には何に取り組んだらいいのでしょうか？」

「そうか。大切なことはたくさんあるだろうけれど、あなただからこそ、また新たな取り組みをひとつ教えてあげようか。

まずは、自分たちの店舗が何を一番の目的にしているのか、をみんなでよく話し合ってみることだ。そして、その中で出てきた答えを、できればひとつの言葉にまとめるといいだろう。これからこのお店が続く限り一番大切にしたいことを、店舗の**理念**として言葉にまとめるんだよ」

「理念ですか。なんだか難しそうな気もしますね…」

「そう難しく考えることはないよ。素直な気持ちで、お客様に何を提供したいのか、お客様にどう感じてもらいたいのかを、みんなで時間をかけて話し合ったらいいよ。何かしらの答えが出そうなら、それらを言葉にまとめてみるといい。まずはそれがスタートだよ」

「わかりました。私たちなりに何が大切かをよく話し合って、考えてみたいと思います」

山中さんのアドバイスに従い、店舗の社員が何度も集まって、みんなで話し合いを重ねました。話し合いを重ねるうちに、私たちの考えはひとつにまとまっていきました。そして、みんなの想いがひとつになった言葉として、**「心を込めたおもてなしと、心地よい雰囲気により、お客様を幸せにすること」**というフレーズにまとめることができたのです。

もちろん、その言葉をすぐに山中さんに相談してみました。山中さんはにこやかに笑いながら、「いい理念ができたじゃないか。みんなで同じ目標に向かっていく指標として、その理念を全員で大切にしたらいいよ」と言ってくれました。

私たちが考えてたどり着いた理念について、私はその背景を山中さんに熱く話し始めました。

「私たちの理念には、お客様に楽しんでもらいたい、喜んでいただきたい、そして本当に心地よい幸せなひと時を過ごしていただきたいという想いを込めました。そして、それらの想いをまとめて、『お客様を幸せにする』というひと言にまとめたのです。

お客様が大切なご家族とともに、大切な友人や恋人とともに、ここに来て本当によかった、心癒された、楽しかった、気持ちよく過ごせたと感じてもらいたいんです。そう感じてもらえるように、みんなでベストを尽くしたいと思っています。

私たちは話し合いを通じて、ただ単に店舗の売上げや利益がたくさんほしいわけではないと気づきました。やはり、**一番の目標は『お客様の満足度の大きさ』**であると気づきました。そのために、次のような式で、その考え方を全員で共有したいと感じています。

【お客様の満足度】∨∨【お店の利益】

その昔、学校で習った『∨』（大なり）という記号と、『∧』（小なり）という記号があったと思います。数字の大小を表わすこの不等号という記号は、『a∨b』であれば、『aはbより大きい』、また『a∧b』であれば、『aはbより小さい』ことを表わします。

そこで、私たちはこの『∨』（大なり）のマークを2つつなげて、私たちなりに、勝手ながら『大なり大なり』と表現することにしました。つまり、【お客様の満足度】を【お店の利益】より、もっともっと大切にしたい、ということを表わしています。店舗の売上げや利益よりも、お客様の満足度をどれだけ大きくできるかを、私たちは一番大事に考えています。そして、その価値観をこれからも継続してみんなで共有していきたいと感じています」

山中さんはニコニコしながら、私の話を黙って聞いてくれていました。そのため、私は山中さんへの気遣いも忘れて話を続けました。

「他のさまざまな業界においてもきっとそうでしょうが、私たちサービス業においては、お客様の満足度と店舗側や会社側の都合や利益の間で板挟みになり、判断に悩む場面が必ずあります。

たとえば、『お客様にはここまでしてあげたい。だけど、そこまですると店舗側が少し損をするかも…』という場面や、『店舗側はここまでしかできない。だけど、それではお客様は少し満足されないかも…』というような場面です。

そこで、私たちは**たとえ店舗側がその場面で少し損をしたとしても、できる限りお客様の満足度が増える方向に舵を切る**ことを大切なルールとして決めたいと思っています。先ほどの不等号で表した式は、まさしくそれを表わしています。そして、そのルールを店舗の社員やスタッフたちにも伝え続けて、その価値観の共有を継続していくことに、力を注ぎたいと考えています」

「そうなんだね。とてもよい方向性だと思うよ。私も大いに賛成したいね」

山中さんにそう言ってもらえてうれしくなり、私はますます熱くなって話の続きを伝えました。

「私たちのブッフェレストランは、食材のクオリティ、調理の手間、調理の人件費、そしてサービススタッフの手間や人件費についても、普通のレストランでは考えにくいほど高めのコストをかけてオープンしました。

コストを抑えるところから考えてスタートしたのではなく、まずは**お客様に喜んでもらえ**

ること、そして圧倒的な魅力を感じてもらえることから、お店づくりを考えてスタートしました。

するとおかげ様でお客様がお客様を呼び、爆発的にお越しいただけるようになりました。それはまさしく、山中さんから教わった**『先義後利』**の考え方が当てはまったと感じています。お客様に尽くして喜んでもらうところから先に取り組んだことで、結果的にお客様からいただける売上げや利益が、後から大きく返ってくることになったのでしょうね。

そして、私たちはその後も、『よりよい料理、よりよいサービス、よりよい雰囲気』を作ることに専念し、この方向性を継続していきたいと思っています」

黙って聞いてくれていた山中さんが、ようやく口を開いて穏やかに私に説明してくれました。

「そうだね。先に売上げや利益の数字ばかりを考えていたとしたら、決して今のような結果は得られなかったかもしれないね。それよりもお客様に喜んでもらえることを初めにたくさん考えたからこそ、お客様が大勢来てくれたのではないかな。

売上げや利益という数字は、**どれだけお客様に喜んでいただけたのか、どれだけお客様にご満足いただけたのか、どれだけお客様がファンになってくれたのか、どれだけのファンが**

繰り返し来てくれているか、などを表わした数字だと私は思うよ。今までのビジネスを通して、ずっとそう感じているよ。

つまり、売上げや利益というのは、後でお客様から教えていただける**通信簿**みたいなものなんだ。よい通信簿がもらえるかどうかは、やはりお客様の満足度に一番かかっていると私も思うね」

5-4

3時間待ちが発生しても、とても大切にしていること

また、私たちが自分たちのレストランで大切にしている考え方について、続けて山中さんに話を聞いてもらいました。

「私たちのブッフェレストランでは、お客様の満足度を優先したいという価値観から、レストランご利用の**『時間制限を設けていない』**ことが特徴のひとつです。

常識よりも高めの原価も人件費もかけていますが、その上に『時間制限を設定しない』ことは、お客様からもまた同業他社からも不思議に思われることが多いようです。

もちろん、今のランチタイムは11時から15時まで、ディナータイムは17時半から21時半までなので、最大でも4時間までのご利用になります。しかしながら、他のブッフェレストランにはよくあるような、90分までとか、120分までというような制限時間はありません。

ずばり、その理由は、**お客様に時間や時計を気にすることなく、ゆっくり過ごしていただきたい**という想いからです。

他のレストランで、お食事は90分間とか、お席が120分間とか、制限があるお店を私も

利用したことがあります。それぞれのお店の方針や考え方があって決めていることでしょうから、それはそれでまったくよいと私は思っています。ただ、90分までと言われた場合に、お客様は食事をしながら、はたして何回腕時計を見ることになるのでしょうか。

私の経験では、90分までと言われてスタートした場合、最初に時計を見るのが、だいたい50分後くらいです。かなり早い段階で、『あと何分あるだろう?』と、ついつい時計を見てしまうものです。

その後、60分、70分、80分と経過するにつれて、『あと○○分だな』とか、『もう少しで終わりだな』なんて思いながら、ついつい何回も見てしまい、退店するまでに、おそらく4～5回は時計を見てしまいます。

私たちは、**お客様に楽しいお食事のひと時を過ごしてもらいたい**、または**一緒に来られた方々との楽しい会話や幸せなひと時を感じてもらいたい**、という価値観を一番大切にしています。そのためブッフェレストランであっても、時間や時計を気にすることなく、ゆっくりしてほしいと思い、このルールを採用しているんです」

山中さんはじっくりと話を聞いてくれながら、逆に次のような質問をしてくれました。

「そうか。お客様にとってはとてもよい方針だと思うね。ところで、本当にゆっくりするお客様があまりにも多い場合、お店としては回転が悪くて困りそうな気もするけど、その点はどうなんだろう？」

「そうですね。たしかに長く滞在されるお客様で、3時間とか4時間までゆっくりされる方もいらっしゃいます。ただし、1ヶ月間で分析してみると、本当に長時間ゆっくりされる方は、全体の5～10％くらいです。ましてや、お客様によっては50分や60分で満足されて、レストランを出られる方もいらっしゃいます。曜日などによって多少は異なりますが、私たちのレストランにおいて、お客様全体の平均滞在時間は実は90分～１００分という分析になりました。

2時間待ち、3時間待ちが発生してしまう日には、お客様からよく『店内の利用時間の制限を設けてほしい』というお声をいただくこともたしかにあります。しかしながら、お客様のご利用時間は平均90～１００分程度であり、データ上さほど長くはないのです。

つまり、大変ありがたくも、**あのお店がいいよね、あのお店ならゆっくりできるよね、やっぱりあのお店に行きたいな、と思っていただけるお客様が多いからこそ、長い待ち時間が発生してしまう**のだと私たちは考えています。

そして、もし仮に私たちのレストランが90分の時間制限にしたとしたら…、長い待ち時間は少しだけ減るかもしれませんが、**店舗のそもそもの魅力が減少してしまうことにより、お**

客様のご来店者数も減ってしまうことが充分に考えられます。それにより、その場合はレストランの売上げが少なくなり、存続自体が危ぶまれる結果になるのではないかと私は推測しています」

「なるほど。そう言えるかもしれないね」

「たしかに、店舗や会社ごとの価値観によるので、一概にどちらがよいとかよくないということを、私は言うつもりはありません。

ただ、『時間制限は90分です』というお店で、お客様のご利用平均時間が90分のお店と、『時間制限は特にありません』というお店で、ご利用平均時間が100分程度のお店があったとしたら、お客様にとってもお店にとっても、はたしてどちらがよいのだろうか、というのが私たちの視点なんです。

そういう点において、お客様が私たちの方針をご理解いただいた上で、繰り返しご来店いただけるのであれば、私たちも本当にうれしい限りです」

「そうだね。その想いには私も同感だね」

お客様のご利用時間に関して、次の点も山中さんに伝えました。

「閉店時間におけるお客様対応においても、私たちはお客様の心の満足を優先して対応しています。実際に閉店時間になったとしても、お客様にすぐにお声掛けしたり退店を促したりはしないようにしています。店内の他の片付けなどを先に進めながら、閉店時間を10分ほど過ぎてから初めて、お客様にお声がけをするようにしています。やはり、ここでも**【お客様の満足度】＞＞【お店の利益】の価値観**を大切にして判断するようにしています。

そして、お声がけをするときにも、『ゆっくりお過ごしいただいているところを大変申し訳ございませんが…』と丁重な伝え方をみんなで心がけて取り組んでいるんです」

「そうか。あなたらしいお客様への思いやりだね。いい方針だと思うから、私も応援するよ。これからもずっと継続していけるといいね」

5-5

期待を超える対応！　お客様の心の満足のために

山中さんの応援してくれるという言葉を聞いて、私はつい調子に乗り、気持ちよく話を続けてしまいました。

「私たちの店舗では、以前にもお話しした通り、**たとえ店舗側が少し損をしたとしても、できるだけお客様の満足度が増える方向に舵を切る**ということに日々チャレンジしています。

その事例として、次のようなことも大切にしたいと、社員やスタッフたちと常に共有するようにしています。

たとえばですが、ある遊園地の売店で接客していたら小さいお子様が来られて、ソフトクリームを300円で買ってくれたとします。スタッフがソフトクリームを手渡しして、その子供が喜んで駆け出したところ、思いがけずソフトクリームを地面に落としてしまったとしたら…。その子供から再度300円をもらって、2個目を渡す人はいるのでしょうか？　おそらくほとんどの人が、無料で2個目のソフトクリームを渡してあげたいと思うのではないかなと。わかりやすく言えば、私たちもこのような想いを大切にしたいと考えています。

もし、お客様が自分のビールグラスを思いがけず自分で倒してしまったら…。どこのお店でも、おそらく店員さんが来て、こぼれたドリンクがお客様の服やお荷物などにかかっていないかを心配しながら、テーブルの上も周辺もキレイに拭き上げてくれるはずです。

そのようなときに私どものお店では、**拭き上げた後に新しいビールを無料でお持ちするようにしています**。普通のお客様であれば驚かれて、自分でビールを倒したので、その必要はないですよ、と遠慮される方がほとんどでしょう。でも、スタッフからは**お客様が少しでも損をしないように、これはお店からのサービスです**とお声がけしてお渡しするようにしています。

あ、だからと言って、私どものお店でビールがなくなる前にわざと倒したりするお客様がいないことを信じているんですけどね（笑）」

「あはは、そうだね！　とにかく、その取り組みもすばらしいと思うね。業界ではサービスリカバリーという言葉で表現される場合もあるよ。たとえお客様の自己責任であったとしても、お客様が損をしないようにカバーしてあげるサービスのことを表わしているんだ」

「そういう言葉もあるんですね。ここではビールを例にしてみましたが、他のメニューやサービスなどでも同じように対応してあげたいと私たちは考えています。思いがけずお客様が損をされた場合には、同様な考え方でお客様が損をされた分をすみやかにカバーしてあげられたら、きっとお客様が喜んでくれる場合が多いのではないかなと。

どのような会社や店舗でも、よく起こり得るアクシデントに合わせて、そのような対応を決めておけばよいのではないかと私は思っています。そして、**大事なポイントは、そのようなカバーを迅速に無料でしてあげてもよいということを、会社や店舗側が従業員と事前に共有しておくことが必要**ではないかと私は考えています。

おそらくこの場合、会社によっては、いくらまでの金額を無料でカバーしてもいいのかということが問題になるでしょう。ちなみに私たちの店舗では、アルバイトさんであれば、自己判断でも、1000円分くらいまではカバーしてもOKと伝えていますし、店長などの責任者であれば、1万円くらいまではカバーしてもOKという目安にしています。

あくまでも目安としているのは、状況により、多少金額がオーバーする場合もあるでしょうが、そこはスピードを重視して判断してもらうほうが、お客様にとっても、また店舗にとっても都合がいい場合が多いと考えているからです。

スピードよく判断すればお客様に喜んでもらえる場面なのに、アルバイトさんが1000円を超える内容をカバーするために、上の責任者にいちいち確認しないといけないというのは少しもったいない話です。

そのときのスタッフさんに、そうしてあげたいというきちんとした理由や判断があったのなら、1000円を多少超えた場合にも、それを認めてあげる責任者がいればいいのではないかと私は考えています。

私たちの店舗の場合でも、店長などの責任者がスピードよく判断して『この場合はこれこれの特別な理由があったので、1万円を超える特別なサービス対応を自分で判断しました。おかげで、お客様にはとても喜んでいただけました』と後から報告があったとしたら、『それでお客様にベストな対応ができたのあれば、本当によかったですね』と、私は伝えてあげたいと思っています。

それに、実際にはさまざまなケースがありますが、アルバイトさんで1000円くらいまで、店長で1万円くらいまでという目安を設けていても、ほとんどの場合、その金額を超えることは滅多にないですね。

実はこのサービスの考え方は、私が山中さんと一緒に仕事をさせてもらっていて、常に感じてきたことのひとつでもあるんです。ときに、私たちに失敗があったとしても、その理由を聞いてくれて、前向きに認めてくれる山中さんの言葉や価値観から、私たちが学んできたことでもあると感じています」

「そう感じてくれているなら、私もうれしいよ。何より、お客様を大切にする価値観を、これからもみんなと一緒に共有していきたいと思っているからね」

「ありがとうございます。そう言ってもらえるなら、私たちのほうこそ本当にうれしいです！　他にも学んだ価値観がたくさんあるので、それらを活かしたいといつも感じています。たとえば、私たちのブッフェレストランでは、オープンして最初に入店されたお客様と、閉店に近い時間帯に入店されたお客様との間で、心の満足度に差が出ないようにしたいと考えています。そのため、すべてのブッフェ料理やスイーツを、最後の時間までしっかりご提供するように心がけています。

別の店舗や会社によっては、閉店時間に近づいたときには、表に提供するブッフェ料理を減らしたほうが、廃棄ロスが少なくなって利益が得られやすいと考えるかもしれません。

こういう場面において、**どちらの方向に舵を切るかにより、お客様の満足度が大きく変わる**と、いつも感じています。それにより、お客様が再来店される確率が高まるのか、それとも低くなるのかが決まると考えています。

私たちは、たとえ**自分たちが多少損をしたとしても、お客様が満足する方向にしっかりと舵を切っていきたい**ということを、常に社員やスタッフたちと共有したいと考えています」

5-6 お店が少し損をしても、お客様のご要望を優先する

いつもと同じように、山中さんが私の話をさえぎることなく、うんうんと頷きながら聞いてくれるので、私はそのまま話を続けました。そして、私たちの店舗で大切にしている「お客様の期待を超える対応」のその他の事例についてもお話をしました。

「他にも私たちが大切にしていることをお話ししたいと思います。その例のひとつとして、**120分飲み放題なら、120分までしっかりとドリンクのご注文をお受けする**ということです。こう言えば、至って簡単なことに感じられるかもしれません。しかしながら、世の中の他のお店を見ていると、『120分飲み放題。オーダーは30分前まで』という説明をたまに見かけることがあります。つまり、注文できるのは90分までです。これを見ると、私たちにとってはちょっと不思議な気持ちになります。なぜなら、私たちの価値観で言えば、これは90分飲み放題ではないのかなと思うからです」

「なるほど、そうとも思えるね」

「そのため私たちの店舗では、120分飲み放題であれば、ドリンクを提供する時間を120分しっかりと確保するようにしています。そして、**ちょうど120分の時点でご注文をいただいたとしても、そのご注文をお受けして提供する**ことを大切にしています。

ただ、次のような間違った対応に陥りやすいのも現実です。120分飲み放題で、120分の10分前に『残り10分になりましたので、ラストオーダーはありませんか？』とスタッフさんが聞きに来るケースです。実際に、私たちの店舗においても、10分前にラストオーダーをお客様に確認しているスタッフを、思いがけず見かけたことがありました。

私たちが決めているルールや価値観とは違うのでなぜだろうと心配しながら、私がその店舗の社員に『どうしてスタッフさんが120分の10分前にラストオーダーを確認しに行っているの？』とたずねたことがありました。その社員は、『お客様の人数が多い場合には、10分前くらいにはラストオーダーをまとめて聞きに行かないと、提供するのに10分くらいは時間がかかるからです』と答えました。

そこで、私は『価値観をもとに決めた大切なルールとして、必ず120分経ったところで、ラストオーダーを確認しに行ってほしい』と、その社員に説明しました。すると、社員が『120分経過したときに、たくさんご注文をいただいたら、提供すると125分とか130分になってしまいます』と説明してきました。

そこで私がもう一度説明しました。『それでいいですよ。それでお客様が120分しっかりドリンクを頼めたので満足したと思ってもらえるなら、そのほうが店舗としても本当によかったと思えますから』

すると、その社員が次のように答えたんです。『でも、お客様によっては、120分を過ぎて最後のドリンクを出した後でも、さらに、あ、あとこれをもう1杯ください、とか言われる人もいるんですよ』

『そうなんですね。では、私ならきっとこう言いますよ。お客様、それでは特別ですよ。特別に1杯お持ちしますね、と』」

「あはは！　あなたらしいね。私も同じ対応をするかもね。それでいいんじゃないかな」

「そう言っていただけると、私もうれしいですね。そしてそのとき、その社員は本当にそれでいいんですか？　というような顔をしていたので、私は**『店舗や会社が少し損をしたとしても、お客様の満足度を優先する価値観を大切にしてほしい』**と、あらためて伝えました。

そして、少しお店が落ち着いてから、私はその社員とその店舗の店長に次のようにゆっくりと説明しました。

『120分以上経過した後に、さらにサービスしてドリンクを出すと、原価が余計にかかってしまい、それを心配する気持ちもわからないでもないよ。それでも、お客様の満足度を優先してほしい。ましてや、お客様全員がそんな無茶を言うわけでもないだろうしね』と。

『そして、お客様のご要望に合わせて、他のお店があまりしていないことを少しだけでもサービスしてあげられると、お客様は笑顔になって喜んでくれるよね。**そのお客様が喜んでくれたり満足してくれたりする度合が高ければ高いほど、また次回もこのお店を利用しようと思ってくれる**のではないかな。だから、**そういうお店こそ、お店のファンが増えてますます繁盛し、それがまた自分たちに返ってくる**のではないかな』

私がそこまで丁寧に説明してあげると、店長や社員たちは少しホッとしたような表情になりました。彼らとしても、日頃から本当はそういう気持ちでお客様に対応をしてあげたいと感じていたようです」

「そうなんだね。同じような想いを抱いてくれているなら、本当にうれしいね」

「私はこのとき、飲み放題の対応を例にして、店長や社員たちに伝えましたが、実際にはそれ以外のケースでも、同じような考え方を当てはめることができると思うんです。

私たちが大切にしている方針として、ブッフェレストランでも時間制限を設けていないというルールや、閉店時間を過ぎても、すぐにはお客様にお声がけしないルールなども、基本的には同様な価値観から設けています。

ただお客様のわがままをすべて聞けばいいとは私も考えてはいません。だけど、**自分たちが他のお店ではできない『特別な対応』を少しだけでもしてあげられると、お客様の満足度がぐっと上がることが多い**のではないかなと…。私は、いつもそう感じています」

「たしかにそうだろうね。『先義後利』の考え方に通じるものも、そこにはあると思うね」

「あ、そう言えば、先日は他のお店でこんな体験をしました。

それは、あるワインバーでの出来事でした。私が待ち合わせの時間に遅れてお店に着いたとき、先に席に着いていた2人の友人が私に教えてくれたんです。

『早い時間帯はこのワインがタイムサービスでお得とのことで、ちょうど1杯ずつ飲んでいたところなんだ』

私が席に座ると、店員さんがすぐに来てくれたので、私が店員さんに伝えました。

『では、私もタイムサービスの同じワインを1杯いただけますか』

すると、その店員さんが、

『申し訳ありません。実はタイムサービスの時間は、すでに20分以上過ぎてしまっていて…、対象外なんです』

『あ、そうなんですね。すみません、私が遅れてきたからですね。では、何か別のものを注文しようかな…』

『あ、でも**先にお2人にはお出ししていたので、お客様にも特別に同じ価格でそのワインをお持ちしますね**』

ささやかなことながら、私は本当に感心させられました。おかげ様で、最後まで楽しく過ごせたことは言うまでもないですね」

「そのスタッフさん、本当にすばらしい対応だね。そんなスタッフが揃ったお店は、商売繁盛すること間違いないだろうね。私はそう思うよ。」

「そうですよね。他にもまだあります。懇親会に出席するために、私がある居酒屋を訪ねたときのことです。私を含めて数名の人たちだけが、開始予定時刻よりも20分以上も早めに到着してしまい、席に着いてゆっくりと他の人たちの到着を待っていたときのことです。

若い女性アルバイトスタッフさんが、待っている私たちの席にビールを数本持ってきてくれて言ってくれたんです。

『**乾杯が始まるまで、これはお店からのサービスです！　どうぞお飲みになられて下さい**』

このルール、おそらくこの店舗の経営者や店長が決めていないとできないサービスですよね。そして、もし私が次に何かの懇親会の幹事を任される機会があるとしたら…、このお店にしようかなと考えたのは、至って正直な気持ちでしたね」

6章

お客様のご意見が「宝」！そこに大きな財産が

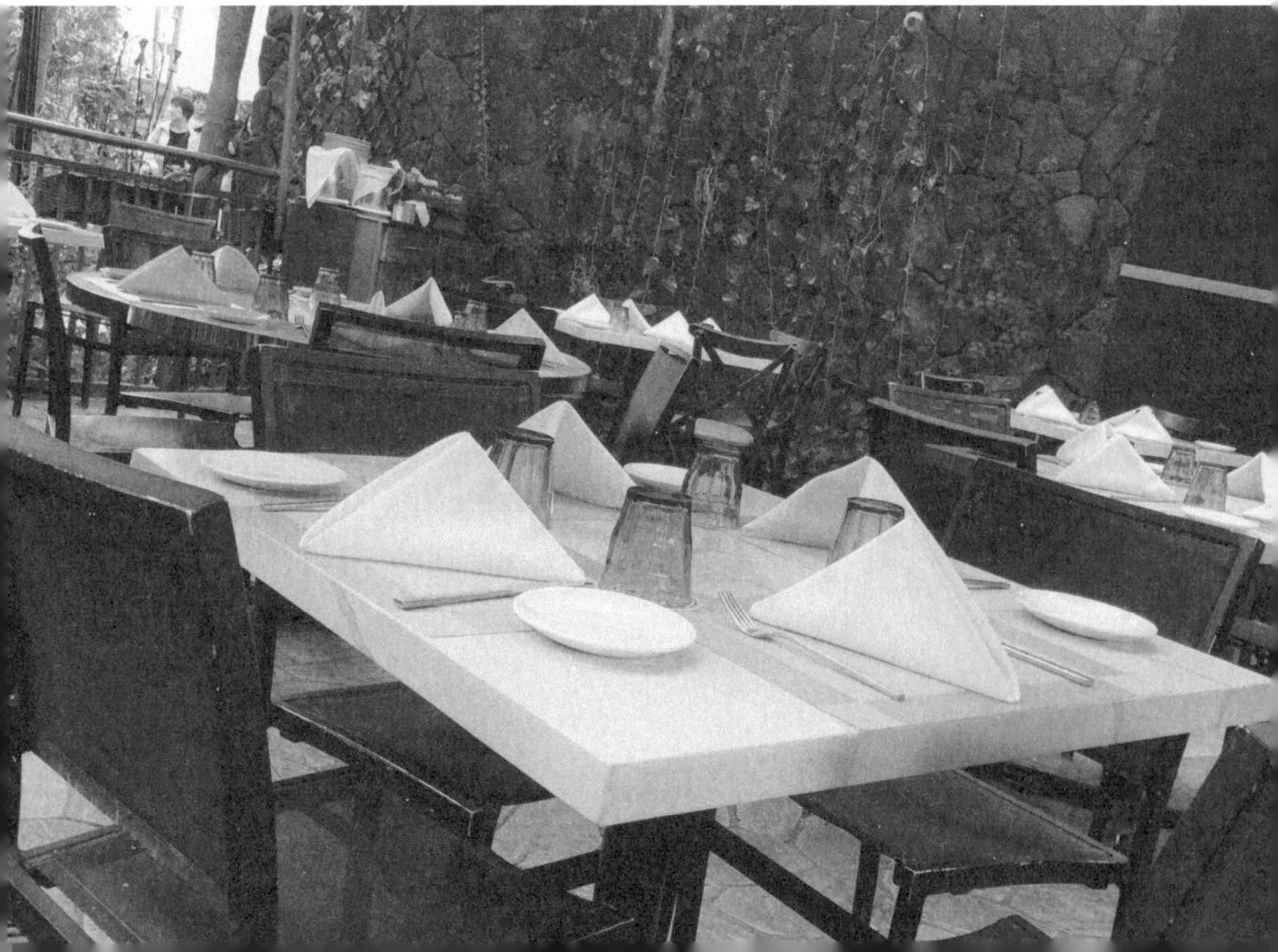

6-1

繁盛するために大切なこと。お客様のご意見は宝の山

またある日の午後、各店舗の店長や社員が揃う全体会議が開かれました。各店舗の売上げなどの業績報告が終わった後、山中さんが集まった社員に向けて話をはじめました。

「ところで話は変わるけれど、お客様からのクレームと聞くと、みんなはどのような印象があるかな？　クレームや苦情と言われると、何を言われるのだろうか、と何かしら不安や嫌な気持ちが湧き起こるのではないかな。

だけど、私はそうは思わないんだ。**お客様からのクレームや苦情があれば、『なんてありがたい！』『うれしい！』**と私はいつも思うね。その理由を、みんなにも知ってもらいたいんだ」

こういうときの山中さんの話が、とても有意義でいつも勉強になるため、私はワクワクしながらその内容に耳を傾けました。

「たとえばだけど、あるお店に1日のうちに100人のお客様が来られたとするよ。そのう

ち、はたしてどれくらいのお客様が満足してお帰りになられると思う？　普通に内容もよくて、適切な商品やサービスを提供しているお店ならば、おそらく60人〜70人のお客様は満足してお帰りになられるのではないだろうか。

また、どんなに内容がよかったとしても、お客様の感じ方は人それぞれに違うので、おそらく20人〜30人は、まあ普通だったという感想でお帰りになるのではないかな。

そして、**１００人のうち10人くらいは、何かしらのご不満を心に少し感じながらも、おそらく何も言わないまま帰っていく**のではないかなと、私は思っている。この割合が、私が長年サービス業をしていて感じる割合なんだ。

ここにいるみんなも、日頃からさまざまなお店を利用しているよね。いろいろな店舗を利用するときに、たまには何かしら不満に感じる出来事や場面があるかもしれない。でも、それが小さな内容であれば、ほとんどの人がその内容を店員さんにわざわざ伝えることなんてしないだろうね。

でも、よっぽどひどいと思える出来事があったときには、さすがに店員さんに伝えたくなる。**そんなふうに声に出して店員さんに伝えてくれるお客様は、１００人のうちに１〜２人くらいしかいない**と、私はいつも感じているよ。

１日に１００人が来られるお店であれば、店舗スタッフにクレームやご不満をわざわざ言ってくれたお客様が1人おられたとしたら、その背後にはご不満を言わないで帰られた10人のお客様がいるということになるんだ。

だから、**わざわざ伝えてくれたその1人のお客様が、本当にどれだけありがたいことか。わざわざ教えてもらうことができて、なんてラッキーだったのか。**そのように、私たちは感じるべきではないかな」

山中さんが私のほうを見て、あなたはどう思う？　というような表情をされたので、私も思わず発言してしまいました。

「そう言われると、たしかにそう思いますね。私たちも店舗を運営していて、一番残念に思うことは、お客様がご不満を抱いたままお帰りになることです。お客様が大きなご不満を胸に抱いたまま、店舗スタッフにも誰にも伝えることなくお帰りになられたとしたら…。そのお客様の残念な気持ちを軽減してあげられなかったことを、私たちもとても残念に思いますね」

「そうだね。つまり、お客様には『残念な気持ち』が残るのと同様に、自分たちにも『残念な気持ち』が残るだろうね。これが一番もったいない終わり方だと思うね。

でも、お客様が残念に感じられたことやご不満に思われたことを、直接お店のスタッフが少しでも聞くことができて、『そのようなことがあったのですね。本当に申し訳ございませんでした。これからは改善に努めます』などと、お客様にお伝えすることができたらどうだろう？」

「そうですね。それにより、お客様の『残念な気持ち』が少しでも減るのではないかなと思います」

「そうだね。大切なことは、お客様も残念、そして、自分たちも残念という終わり方をしないようにすることなんだ。

お客様のクレームをお聞きすることで、お客様も少しでもホッとした気持ちに、そして自分たちも少しでもホッとした気持ちに近づくことができれば、それが一番よい終わり方ではないかと思うよ」

「そうですね。お仕事をしていて『お客様からクレームが…』という連絡や報告があった時には、これからは**『クレーム？　教えてもらえるなんて、本当にありがたい』『お互いのためにも、なんてラッキーなんだ』**と思うようにしたいですね。そう考えると、**クレームや苦情が少しも嫌なものではなくなり、とっても貴重なチャンスになる**と、これからは思えますね」

「ははは、そうだね。そのような考え方や気持ちの持ち方を、他の社員たちやスタッフさんたちにも絶えず伝え続けてほしいね。そして、やはり大切なことは、**自分たちにミスがあったのであれば、まずはそのミスを素直に認める**ことだ。そして、**その後の対応やカバー、そして改善や修正にベストを尽くすべき**ではないだろうか。

その方が、その後お客様からの信頼が得られる可能性が残るだろう。**それがたとえどれだけ恥ずかしいミスであったとしても、お客様には決して嘘をつかないということが、長く商売を続けていくための大切な心構え**のひとつになると、私は確信しているよ」

「はい。私たちもそのことを肝に銘じて、これからも取り組んでいきたいと思います」

6-2 クレームや不具合の対応はスピードが命

山中さんの話を聞きながら、私たちのお店でも実際に大切にして取り組んでいることがあるので、この機会に話してみることにしました。

「私たちのお店でも、小さなクレームは毎日必ず発生しているわけですが、大切なことは、そのクレームに対応するスピードだと私は考えています。もちろん、スピードが大切だということは、誰もがすでによく知っていることでしょうが、私たちは驚いてもらえるほどの早さを一番大切にしたいと考えています。

このスピードに対して、私たちのお店での取り組みをお伝えしたいと思います。

他のお店にもよくあるように、私たちの店舗のレストランや宴会場でも、お客様が自由にご意見を記入できるアンケート用紙を用意しています。そのアンケート用紙は、お客様がお席に着かれるときに、小さなクリップ鉛筆も付けてテーブルの上にお配りするようにしています。

お食事が終わられたお客様が、席を立たれてお帰りになるとき、『ありがとうございます！』とお見送りのご挨拶が終わった後は、私たちは**真っ先にテーブルの上に残されたアンケート用紙を取りに行く**ことを心がけています。アンケートの記入面が下側になって伏せておいてあるときには、百人一首のカルタ取りのように、手でスパッとアンケート用紙を素早く拾い上げて、何よりも真っ先にアンケートに何が書かれているのかを確認するようにしています。

もちろん、私どもの店舗では大勢のアルバイトスタッフさんも働いています。そのため、お客様がお席を立たれた後は、アンケート用紙を何よりも早く確認することがどれだけ大切かということを、毎日繰り返しスタッフたちにも伝えています。そして、常にスピードよくアンケートを確認することに、全員でチャレンジしているんです」

「あはは！　百人一首のように素早くとは、大変面白いね」

山中さんはいつもの笑い声と合わせて、ニコニコしながら話の続きを聞いてくれました。

「山中さんが言われた通り、店舗側がきちんと対応できているときであれば、おそらく6〜7割のアンケート用紙には、お客様がよかったと思われた点や満足された内容などを書いてくれています。本当にありがたいことですね。

ただし、必ず1割ほどのアンケート用紙には、店舗側が何かしら行き届かなかったことや、お客様が感じられたご不満な点などが書かれています。この約1割の**アンケート用紙に書かれたお客様のクレームやご不満、お店の悪いところなどが、お店にとって本当にありがたい貴重な情報になる**と、私たちもいつも感じています。

そして、アンケート用紙を素早く確認したときに、何かしら悪かったところが書いてあるのを見つけた場合には、アルバイトスタッフには、『○○番テーブルで5番です』とインカム（イヤホンマイクが付いたトランシーバー）で、社員にすぐに伝えてもらうようにしています」

「ん？　その5番というのは初耳だね」

「はい、実はこの5番というのは、私たちが独自に決めた番号で、アンケート用紙に少しでも悪いことが書かれていたときに、すばやく社員に伝えるための合言葉にしています。

ちなみですが、お客様から直接クレームやご指摘をいただいた後、社員に連絡する合言葉は、9番としています」

「なるほど！　それはいいルールだね。素早く伝えられることがポイントだね」

「そうなんです。スタッフたちから、『○○番テーブルで5番です』という声がインカムで入って来たときには、社員が返事をしてその場にすぐに向かうようにしています。

たまに、お客様がアンケートを直接レジにお持ちになる場合もあります。その場合も、レジに入っているスタッフが、横目でアンケートをちらっとチェックして、少しでも悪いことが書いてあるのを見つけたなら、レジを打ちながら『レジで5番です』と、社員に連絡することができます。

そして、その場に確認に来た社員は、すぐにそのアンケートに記入されたご不満やご指摘をチェックして、そのお客様がレジでお会計をしているうちにお声がけするようにしています。

『お客様、アンケートを拝見いたしました。このように行き届いていないことがあったことは、私たちも気づいておらず、大変失礼いたしました。ご指摘の点において、私どもも再度チェックをして、同じような失敗がないように気をつけて取り組みたいと思います。貴重なご意見をいただきまして、本当にありがとうございます』などと、社員が必ず声をかけるようにしています。

もし、レジでのお会計が終わって、店舗の玄関に向かわれているお客様であったとしたら、玄関のところまで追いかけてお声がけをします。また、店舗の玄関を出てしまったお客様であれば、駐車場で車に乗り込むところまで追いかけてお声がけをします」

「おお、そんなところまで。それは本当にすばらしいね」

「ありがとうございます。山中さんにそう言ってもらえると、私たちもホッとできますね。とにかく、お客様が本当にお帰りになられてしまう前に、お声がけすることが大事だと考えています。

ご不満が書かれたアンケート用紙だけが残り、そのお客様がどこに行かれたのかわからなくなってしまうことほど、残念なことはありません。お客様は、きっと残念なお気持ちのままお帰りになられてしまうでしょうし、そのアンケートを見ながら、私たちにも本当に残念な気持ちが残ります。

それよりも、お客様にお声がけしてお話ができて、残念な気持ちがお客様もこちら側も少しずつでも減らせるなら、それがお互いにとって一番よいことだと私たちも考えています」

「うんうん、お互いに残念な気持ちで終わるのは、本当にもったいないことだからね」

「そうなんです。でも、この取り組みに日々チャレンジしていても完璧でないときがあります。ときには、思いがけずご不満のアンケート用紙だけが残っていて、そのお客様にまったくお声がけできなかったという残念な場合も発生してしまいます。

そのようなときに、アンケート用紙にお客様のお名前や住所、電話番号などが記入されていれば、まだできる対応があります。

これは、というクレームやご不満が書かれてあった場合には、店舗の責任者や社員が、お詫びのお電話をかけるようにしています。これも、できる限りスピードよく対応することを心がけています。お電話で少しでもお詫びをお伝えできれば、お客様の残念な気持ちを少しでも早く軽減してあげることができます。

また、すぐにお電話するほどのクレーム内容やご不満ではなく、ささいなご指摘などが書かれていた場合には、ご来店の御礼ハガキに、そのご指摘内容に合わせたお詫びのひと言や、教えていただいたことへの感謝のひと言などを記入してからお送りするようにしています」

「なるほどね！　そこまでしているお店は少ないのではないかな。その気持ちと行動は、お客様の心にもきっと伝わっていると思うよ」

「ありがとうございます。そうであるならば、私たちも本当にうれしいですね。

そして最後に…。**ご不満やご指摘が書かれたアンケートの対応が無事に完了したときは、対応した日付と内容と、それに対応した人の名前を、そのアンケート用紙の余白に赤ペンで記入する**ルールにしています。

『○月○日、レジにてお詫びのお声がけ済み　田中』とか、『○月○日、玄関でお詫びのお声がけ済み　山本』などと記入しておくと、**あとからアンケート用紙を他の社員や責任者が**

見直すときにも、その対応内容がわかるので、とても安心できるんです。

一番残念なのは、ご不満が書かれたアンケート用紙に『〇月〇日、お客様がお帰り済みでお声がけできず　佐藤』などと書かなくてはいけないときですね」

「うーん、そうだね。そうならないように対応できることが、一番いいことだね。」

「とにかく、アンケート用紙に書かれたご不満やご指摘をどれだけ素早く見つけて、直接お客様にお声がけができるかを、私たちは一番大切にしています。

直接お声がけすることもできず、またアンケート用紙にお客様のお名前や住所、電話番号などの記載もなかったとしたら、もうどうすることもできません…。それをどれだけ避けられるかに、私たちは日々チャレンジしているんです」

6-3

期待を超えるクレーム対応とは…？

「店舗営業ではアンケートだけでなく、お客様から直接クレームやご指摘をいただくことも、たくさんあります。毎日100点満点で、お客様からのクレームやご不満がまったくない店舗なんて、絶対にあり得ないはずですから」

「そうだね。クレームが0件の店舗があったとしたら、ただ気づいていないだけと言えるね」

「本来はあってはいけないことですが、たとえば料理に異物が混入していたというクレームが発生したとします。お客様がサラダを食べようとしたら、サラダの中からラップの切れ端のようなものが出てきたとか…。

そんなときは、おそらくお客様の近くを通りかかったスタッフが、お客様から『このサラダの中に、これが入っていたのですが…』というようなお声がけをいただくことになるはずです」

「うん、そうだろうね」

「どこで何がどう混入したのか、その時点ではすぐにはわかりませんし、呼び止められたスタッフが悪いわけでもありません。ですが、最初に対応するスタッフの言葉や態度ひとつで、お客様の感じ方が大きく異なるため、初期対応には本当に気をつけて対応するように、スタッフたちにいつも伝えています。

まずは、お客様のお話をゆっくり聞くこと。そして、お客様と同じ目線や立場になり、お客様に共感しながらその話を聞くことですね。もちろん、他のどのお店でもこれらの対応は同じようにされているはずです。

そして、ゆっくりとお客様のお話やご意見を聞いた上で、**最初に対応したスタッフが『大変申し訳ございません』と、まずはきちんとお詫びの言葉をお伝えすること**を、私たちは大切にしています。こう言うと、至って当たり前と思われる方が多いかもしれません。しかしながら、このひと言を決して忘れてはいけないと、繰り返しスタッフたちには伝えています。それくらい、とても大切なことだと私は考えています」

「うんうん、なるほど」

山中さんが、いつものように笑顔で話を聞いてくれると、私は調子に乗って、ますます熱く話をしてしまいました。

「もし最初に対応したスタッフが、自分では理由や原因もわからないし、どう対応したらわからないと感じて、謝罪の言葉もないまま『あいにく、私ではよくわかりませんので、わかる者に伝えてまいります。しばらくお待ちくださいませ』とお伝えして、その場を去ってしまったとしたら…。

たまにあることですが、お客様から『最初に伝えたスタッフからは、お詫びの言葉がひと言もなかった』と、ご指摘を受ける場合があります。このように、最初のスタッフのお詫びのひと言がなかったことで、お客様がさらに不愉快に感じられる場合があり得ます。そうなると本当にもったいないと、私はいつも感じています。

ですから、私たちは新しいスタッフには、お客様からのクレームやご不満のご指摘をいただいたときには、**お客様の気持ちになって、お客様に共感して、そして『大変申し訳ございません』と必ずお伝えすることの大切さ**を、入店研修のときからしっかりと伝えています。

そして、初期対応がきちんとできた後は、速やかに『○○の場所で9番です』とインカムで社員に伝えてもらうようにしているんです」

「そうだったね。クレーム＝9番という番号を作っていたんだよね」

「はい。すると社員がその場所まですぐに確認に行きます。スタッフから状況を聞いた後、そのお客様のところを訪ねて不具合内容を再確認し、あらためてお詫びします。

そして、不具合の発生状況や原因などを調べて確認が取れたら、もう一度、そのお客様にお声がけしてご報告やお詫びをいたします。先ほどのサラダの例であれば、次のような感じでしょう。

『お客様、大変申し訳ございません。お客様のサラダに入っておりましたラップの切れ端は、レタスを保管していた器の上にかけていたラップの一部が切れて混入してしまったものと思われます。確認不足でご不快な思いをさせてしまいまして、大変申し訳ございませんでした。以後、キッチンスタッフともども、みんなで気をつけてまいります』

このような事例の場合、おそらくお客様が『内容をわかっていただけたなら、それで充分です。もういいですよ』などと、早めにご理解頂ける場合などもあるでしょう。そこで、対応した社員もホッとして『本当に失礼いたしました』と言って、この不具合の対応をおそらく終えてしまうでしょう」

「うん、そうだろうね」

「しかしながら、日頃から私たちはおもてなしにおいて、期待を超えるサービスを提供することを、ひとつの目標にしています。

そのため、**クレームや不具合の対応においても、期待を超えるクレーム対応にチャレンジしたい**と、私たちは考えています。ですから、お客様に許していただいて、もう対応が終わった、と思えたところからが、期待を超えるクレーム対応のスタートなんです」

「ほほう、それからどうするのかな？」

「期待を超えるクレーム対応として何ができるかは、そのときの状況によって異なります。『お詫びの気持ちとして、お店からデザートをサービスさせていただきます』かもしれませんし、『本日ご注文いただいていたこのお飲み物は、お店からのサービスとさせていただきます』とか、『お詫びに当店の〇〇券をサービスさせていただきます』とかですね。そのときの状況に応じて、お客様にさらに何をしてあげられるかについて、自分たちがしっかり考えることが必要でしょう。

お客様の予測を超えて、少しでも何かのおもてなしができたとすれば、お客様のほうが『いえいえ、そんなサービスをしてほしくてお伝えしたわけではないので…』などと、逆に恐縮される場合があるかもしれません。

そのようなときには、対応した社員が『お客様から教えていただいたことに対して、私どものお店からの感謝の気持ちです』とお伝えしてあげるとよいのではないかと考えています」

「なるほど。そのような言葉を添えて、相手の気持ちを超える対応ができるなら、本当にいいだろうね」

「そうなんです。とにかく、**お客様からのクレームやご指摘などにおいては、お客様から『もう充分です』と言われるところを超えて対応する**ことを、私たちは大切にしています。

お客様の予測や期待を超えて、『こんなことまでしていただけるとは…。本当にありがとうございます』と言っていただけるとしたら、そこが、私たちの一番安心できる着地点ではないでしょうか。これからも、できる限りその着地点を目指して、みんなでチャレンジし続けたいと考えています」

7章

お客様にリピートして頂くために必要なこと

7-1

お客様はあなたのお店に来る必要はない

ある日の朝、私は山中さんから電話で起こされました。

「おはよう！　ゆっくりしているところを邪魔してしまったかな？」

「お、おはようございます！　いえ、ちょうど起きて動き出そうと思っていたところです」

「それならよかったんだけど、起こしてしまったなら申し訳ない。ところで、今日あなたはお休みの日だったよね。もし時間があるなら、ランチにでも一緒に行かないかい？」

「あ、はい！　行きます、行きます！」


こういうときは、きっと何かの勉強になるに違いないと思いながら、私はバタバタと準備をして出かけました。山中さんの車が迎えに来てくれた後、車は郊外へと走り出しました。

「あなたが、アルバイトからスタートして、今では私の会社で立派な責任者に成長してくれたことを、心から感謝しているよ」

山中さんが、私にそう声をかけてくれました。

「いえいえ、とてもいい勉強になる機会をたくさん与えていただいていて、こちらこそ本当に感謝しています」

海沿いの道を走りながら、山中さんからの言葉と、窓から入る気持ちのよい風に、少し心地よい気分になりました。

「もう、いろいろなことを学んできただろうから、あまり教えることがなくなってきたかもしれないけれど、お店のためにも、そしてあなたの将来のためにも、あらためて大切なことをしっかりとあなたに伝えてあげたいと思ってね」

「はい、ありがとうございます」

車の中で、山中さんが話し始めました。

「どんな商売でも、お客様からいただくお代金がないと売上げにはならない。お客様がたくさん来られて、お代金という売上げを多くいただけるか、またはお客様が少なくて売上げをあまりいただけないかは、すべてはお客様しだいだ。

つまり、**お客様がどの店舗に行くのか、いくら支払うのか、それらを選択する権利は、すべてお客様にある**ということだ。以前にも少し教えた通り、あなたがどれだけ自分のお店にお客様がたくさん来てほしいと強く願ったとしても、あなた自身には、お客様を自分の店舗に来させる権利も、利用してもらう権利もまったくない。すべてはお客様の選択と判断によるんだ。

同じように、一度利用してくれたお客様であっても、もう一度利用してくれるかどうかも、これもまたお客様の選択と判断でしかない」

「考えてみると、そうですよね…」

「そうなんだ。『すぐにまた来てほしい』と願っているお店側と、『また行きたいね』と言いつつ、『次は他のお店にも行ってみようかな』と思っているお客様との間には、かなりの差があると言える。

日々の生活の中で、お客様には次々と新しい情報が入ってくる。そして、あなたのお店を利用してくれたお客様は、新しい情報の海の中で、あなたのお店のことを次の日からどんどん忘れていってしまうんだよ」

「なるほど。私も同じですね。新しいお店や商品には、つい目がいってしまいますよね」

「そこで大切なことは、**あなたのお店を一度利用してくれたお客様に、忘れられないようにお店側からしっかりとアプローチをかける**ことなんだ。

アプローチには、さまざまな方法がある。わかりやすい例を挙げるとしたら、ハガキを送る、手紙を送る、電話をかける、メールを送る、ＦＡＸを送る、などがあるだろう。

そのアプローチをかけるためには、お客様の情報、すなわち顧客情報が必要だ。つまり、お客様の氏名や住所、電話番号、メールアドレスやFAX番号などを教えてもらう必要がある。そのために、店舗の『会員カード』などを用意して、ご入会いただくのもひとつの手だ。または、お客様の『名刺』をいただくという手もあるだろう。

しかしながら、あなたがどこかのお店を利用して、支払いをすませてお店を出るまでの間、どれだけ自分の情報を聞かれるだろうか。

お店側としては、ご来店された方の顧客情報をいただいておかないと、そのお客様にもう一度アプローチすることはほぼできないと言っていい。これほどもったいないことはない。だけど、そのことに意識が低いお店が、世の中にどれほど多いことか！」

「そうですよね。とくにレストランや小さなショップなどでは、次々と来られるお客様に対応するだけで、その1人ひとり個別の顧客情報を取ろうという意識が少ないと言えますよね」

「そうなんだ。だからこそ、あなたが本当にビジネスで成功したいと思うなら、顧客情報をいただいて、それを活かすことがとても重要になるんだよ」

7-2

値引き割引き集客は間違い。リピート客にこそご褒美を

気持ちのよい海沿いの道を走り抜けた後、ようやく目的地と思われるホテルに着きました。ホテルマンが出迎えに来てくれて、ロビーを通り抜けた後、いつものお席にどうぞという表情で、カフェラウンジのテラス席まで案内してくれました。暖かい日差しの中、ゆったりとしたソファ席に腰を掛け、目の前に広がる海や砂浜を見渡しながら、話の続きについて山中さんが口を開きました。

「お客様がなかなかなか増えないとき、お店の人はどんな対応を考えるだろうか。新しいお客様を増やすために、通常価格からの値引きや割引きなどを広告などで提示して、お客様にもっと来てもらおうと考えるお店もあるかもしれないね。

たしかにお客様にとっては、値引きや割引きは魅力のひとつかもしれない。そこにメリットを感じるお客様に、新たにご来店いただくことは充分に可能だろうね。

しかしながら、**単に値引きや割引きだけで、新規のお客様に来てもらうことに集中し過ぎ**

るのは、大きな間違いが潜んでいると私は考えているんだ」

「そうなんですね」

「ひとつのたとえ話だけど、あなたがあるレストランの常連客だったとするよ。そのレストランでは、店長さんや他の店員さんもみんな、あなたのことをよく知っていて、いつもお互いに気軽な話ができるほど、あなたはそのレストランにたびたび通っていたとする。

あなたが利用した後にレジに向かったとき、『本日もありがとうございます！　それでは、Aコース5000円を2名様で、お会計は1万円になります』と言われたとする。もちろん、あなたはそのお店の常連客として、気持ちのよいおもてなしを受けた後だろうし、快くその金額を支払おうと思うはずだよね」

「はい、たしかにそうでしょうね」

「ただし、同じタイミングで、他のお客様もレジに会計に来られたとする。そして、店員さんから次のように言われていたとしたら、あなたならどう思うかな？

『本日はご来店いただきましてありがとうございます！　お会計は、Aコース5000円を2名様で合計1万円ですが、お客様は初来店クーポン券をお持ちですから、お1人様1000円ずつの値引きとなり、合計8千円になります』

こんな場面を体験したとしたら、誰でも次のように感じるのではないだろうか？

『んん？　同じものを利用して、私が1万円。今日初めて来たお客様が8千円…。今までたくさん来ている私には、何もないのだろうか…？』**常連のお客様が、利用した内容にものすごく満足していたとしても、ちょっと残念な気持ちでお帰りになられてしまう**かもしれないね」

「そうですよね。そんな状況だったら、私もそう思うかもしれません…」

「そして、**値引きや割引きで一度来られたお客様は、また同じような値引き特典などがないと魅力を感じない**かもしれないね。正規の価格では少し損をするという気持ちになり、価格面での特典がないと再来店しないかもしれないね。値引きで来られたお客様は、また値引きがないと来ないということだ」

「それでは、どのような対応が正解なのでしょうか」

「正解としては、やはり、**常連のお客様こそ一番大切にする**ことだ。そして、できるならば、常連のお客様にこそ、一番のご褒美や特典をご提供することだね。

ここで勘違いをしてはいけないのは、常連のお客様に必ずしも価格面での特典が必要というわけでは決してない。**他の一般のお客様には提供していない特別なおもてなしを、常連客**

や上得意客に提供することができるならば、それが一番心に響くのではないだろうか。

レストランなら、よく来られるお客様のお食事やお飲み物などの好き嫌いを把握していて、スムーズに対応してあげられると、ほとんどのお客様はきっと喜んでくれるのではないかな。たとえばホテルなら、お客様の好みに合わせた枕や備品がチェックイン前にセットされているとか、お客様の誕生日に合わせて、ささやかながら何かのプレゼントが用意されているとか。美容室であれば、お客様の趣味に合わせた雑誌が、席に座る前に準備されているとか、好みのドリンクをさりげなくご用意してあげるとか。

常連のお客様1人ひとりに合わせた特別なおもてなしができるならば、そのお客様には一番喜んでもらえるだろう。そして何より、お客様の喜ぶお顔が見られることが、お店側の人間にとっても、一番楽しいことであるだろうしね」

「そうですよね！　私も同じ気持ちですね」

「ただし、膨大な数のお客様の好みや情報などを、すべて人間の頭で覚えておくことは、かなり難しい。そのため、やはりその仕組みが大切になる。店舗のスタッフ全員が、いつでも確認することができる顧客情報のデータを記録する仕組みを作っておくことが大切だ。

それは、昔ながらの紙の台帳やノートなどでも可能ではあるだろうが、これからの時代は**専用の顧客情報ソフトなどを活用し、1人ひとりのお客様の記録と、その内容の確認がス**

ムーズにできることが大事だろうね」

夢中になって話を聞いていると、カフェラウンジのスタッフさんが、山中さんと私の前にサラダとスープ、そしてランチのメインを運んできてくれました。

「あなたも、同じランチでよかったかな?」

「あ、はい。まったく大丈夫です」

「こうして、何も言わなくても私の好みを把握してくれていて、対応してくれるお店にこそ、また来たいと思えるものだよね」

「本当ですね。何も注文していないのに、ビックリしました(笑)」

「とにかく、自分たちのお店を繰り返し利用してくれるお客様を増やしたいなら、単なる値引きや割引きで新規客を獲得することだけに走ってはいけない。来ていただいたお客様の顧客情報を確実に集めていく仕組みと、そのお客様に再度アプローチする仕組みをしっかりと作ることだ。

そして、**お客様の中でも、とくに利用頻度や利用金額が高い『上得意客』にこそ、『一番手厚いサービスや特典』、または心に響く『特別なおもてなし』をご提供**できるように、知恵を絞って取り組んでいくことがとても大切と言えるだろうね」

「なるほど、そうですよね。おかげさまで、私たちのお店でも顧客管理ソフトを活用するようにしています。

店舗の会員カードにご記入いただいた会員のお客様の中で、ご利用頻度やご利用金額が高い上位のお客様たちを、山中さんの言われる上得意客というような位置づけで見るようにしています。

そして、それらのお客様には2ヶ月に1回を目安に、特別なご案内や特典などをダイレクトメールでお送りするようにしています」

「ほう、さすがだね。それはすばらしい取り組みだと思うよ。ぜひ継続していけるといいだろうね」

7-3

顧客管理も「絞る」ことが効果的

ランチが片付く頃には、色鮮やかなフルーツを施した魅力的なデザートがテーブルに届きました。甘いものが大好きな私が目を輝かせていると、微笑みながらそれを見ていた山中さんが、私にたずねてくれました。

「ところで、先ほど話してくれた上得意客へのアプローチについてだけど…。あなたの店舗の会員カードに登録されているお客様は、ちなみに何人くらいいるのかな？」

「えーっと、登録数だけで言えば、現在は4万人ほどいらっしゃいます」

「ほう、かなり大勢の会員さんが登録されているんだね。ところで、その会員さんたちにダイレクトメール、すなわちDMを送付するとしたら、はたして全会員のうち、どれくらいの人たちにアプローチしたらいいと思う？」

「そうですね。できる限り大勢のお客様にDMを出したいところですが…。出せば出すほど送料というコストもたくさんかかるので、そこはいつも悩みどころです」

「そうなんだ。コストがほとんどかからないEメールやSNSメールの配信なら話は別だが、ハガキやＤＭを大量に送付するとなると、その分送料が大幅にかかってしまうので、むやみやたらにたくさん出すわけにもいかない。そこで、以前話したことがある『絞る』というキーワードが、ここでもとても重要になるんだ」

「…と言うと、どうすればよいのでしょうか？」

「まず一般的には、自店のお客様の中で**ご利用頻度の上位30％にあたるお客様が、お店の売上げの70％を生み出している**と言われている。ご利用頻度が高い上位のお客様が、それだけ売上げの貢献度が高いんだ。

そこで、ハガキやＤＭをお送りする場合、**ご利用頻度や売上貢献度の高い上位10～15％のお客様にアプローチをすると、そのアプローチ費用に対する売上獲得の効率が一番よい**と言われている」

「え、そんなに少ない割合でいいんですか？」

「そうなんだ。会員のお客様全員にアプローチすることはせずに、ご利用頻度やご利用金額が高い順に、全体の上位10％にあたるお客様に絞って、アプローチをかけるといいだろう。もちろんその場合、送料というコストも最小限ですむ。

つまり、もし会員数が1万名であれば、上位10％の１０００名に絞ってアプローチをかけたほうが、かけたコストに対して得られる結果の効率が上がるんだ」

「そうなんですね」

「また、アプローチをかける**ターゲット客層を『絞る』**ということも、ひとつの大きなポイントだね。あなたのお店のメインターゲットが女性であるならば、アプローチする対象から男性を外して、女性だけに絞るのもいいと思う。また、その商品のターゲット年齢に応じて、○○～□□歳に限定するなどして、**対象とする年齢層を『絞る』**のも有効だ。その商品のターゲット年齢に応じて、ご案内をかけるのもいいだろう。

こうして考えると、狙いを定めて、30代の女性に絞り、DMのコストをそこにだけ集中させるというような方法もひとつの手だ。

いずれにしろ、持っている顧客情報の全員を対象として、膨大なコストをかけてアプローチする必要はない。**お客様にアプローチをかける上でも、『絞る』ことはとても重要なポイント**であることを、引き続き忘れないようにしたらいいよ」

「はい、わかりました。『絞る』というキーワードを意識して、私たちももう一度、お客様へのアプローチ方法を見直してみたいと思います」

7-4 集客の山を高めることの大切さ

夕方が近づいてきた帰りの車の中で、楽しかったランチのひと時を思い出しながら、窓の外に流れていく景色を、私はゆっくりと眺めていました。

穏やかな時間が過ぎていく中で、山中さんが、いつもの落ち着いた口調で話しかけてくれました。

「あなたには、ビジネスに関していろいろなことをたくさん教えてきたつもりだが、今ではそれ以上にあなた自身が自分でよく考えて、すでにすばらしいセンスとノウハウを身に付けていると言えるね。今日、話をしていて本当に感心したよ」

「いえいえ、とんでもありません。山中さんから教えていただいたことが、私の仕事の大きなベースになっています。本当に感謝しています」

「そうかそうか。そう言ってくれるだけでも、話をしてあげた甲斐があるというものだね。こちらこそ、本当にうれしいよ。

そして、ビジネスにおいては、これからもまだまだ悩むことがたくさんあるだろう。今日は顧客管理の大切さを、あらためて知ってもらえたと思うけれど、決してリピーターのお客様だけでビジネスがずっと上り調子になるわけではないだろう。どのような店舗やビジネスにおいても、絶えず新しいお客様を獲得し続けないといけないのも事実だ。

その場合にどのような手を打つか、きっと悩むことも多いだろう。そういうときにも活かせるように、**集客の山を圧倒的に高めることの大切さ**についても話しておくので、よく覚えておいて欲しいんだ」

「はい。ぜひ教えてください」

「新しいお客様を増やしたいときには、ときには他のライバル店舗やライバル会社が驚くくらいの圧倒的な集客販促を仕掛けるのもひとつの手だ。

このときは、とくにお客様の数を増やすことだけ集中して、実際にできるかできないかとか、コストが合うかどうかとかを気にしないようにするんだ。そして、何の条件にも縛られずに、まずは頭を空っぽにして集客だけにアイデアを出してみるといい。

たとえば、お客様を圧倒的に増やすために、大きな特典を付けて新規のお客様を増やしたり、思い切った大がかりなキャンペーン展開をして会員数を増やしたり、またはふだんよりもコストを大きくかけて広告宣伝を出したりなど、自由に考えてみるといいだろう。

まずは**目先の損得を抜きにして、お客様がガツン！　と増えることだけに集中して、思い切った新たな手を打つ**といいだろう。それらの取り組みにより、一時的であったとしても、集客の山を圧倒的に、いや爆発的に高めるという視点が大切だ」

「ば、爆発的に、ですか」

「まぁ、ちょっと大袈裟な表現かもしれないけれど、それに近いイメージを持つといい。たとえば、ある月に多額のコストをかけて、今までにないくらい大勢の新規のお客様を爆発的に増やすことができたとする。その月の集客数の山が圧倒的に高かったとすると、その月が儲かったかどうかは別として、その次の月は多少集客が落ちてきたとしても、前月の集客数の山の高さのおかげで、何もしなかったときよりは、集客数が多いはずだ。前月のお客様のリピート利用や口コミの広がりなどによる効果が、必ず余韻として残ることがその理由と言っていいだろう。

そして、この余韻効果は同じ理由により、またその翌月や翌々月などにも残りやすい。つまり、**圧倒的に集客数の山が高かった月の影響で、その後2〜5ヶ月先までは集客の余韻が残る可能性が高い**と言える。ましてや、会員登録制のビジネスや継続性の高い商売であるなら、なおさらその効果が大きいだろうね。

たとえるとしたら、絵に描かれたものすごく高い山をイメージしてみるといい。ピークとなる山頂の高さが高ければ高いほど、その山頂から横に広がっていく、すそ野の高さや広がりも充分に高いはずだ。つまり、これが一時的にでも**集客の山を圧倒的に高めることの大切さ**の最大のポイントになっているんだ」

「なるほど。高い山の絵をイメージすると、たしかにわかりやすいですね」

「あなたのお店の商品やサービスが、お客様を本当に満足させて喜ばせることができるものであるならば、大勢の人たちに知ってもらえないことや利用してもらえないことが一番残念であり、もったいないことだよね。

よい商品やサービスがあるのであれば、**思い切った販売促進やＰＲを実行することにより、圧倒的な集客の山を、いや爆発的な集客の山の高さを一度狙ってみる**と、その後の売上獲得が継続して大きくなると言えるね」

「そうなんですね」

「もちろん、お客様を少しずつコツコツと増やしていくという考え方や方針は、日頃の商売においてはとても大切なことだよ。だから、それを否定する気はまったくない。

ただ、『コツコツと…』か『ガツンと！』のどちらか迷うときがもしあるならば、思い切って爆発的な集客を狙って、圧倒的に突き抜けた販売促進やキャンペーンを仕掛けるのもひとつの手だ。私が今までに手がけてきたビジネスにおいても、この考え方をとても大切にしている。だからこそ、今の成功があるのかもしれないね」

「山中さんの話には説得力がありますね。私たちも自分たちの商品やサービスには、お客様にきっと喜んでもらえるという自信があります。なので、ときには大勢のお客様に利用してもらえるよう、ガツン！　とチャレンジしていきたいですね」

「あはは！　あなたのそういう素直なところが、将来の成功にきっとつながっていくと私も信じているよ」

「はい、ありがとうございます！　何より、大勢のお客様がお店に来てくれて、お客様が本当に楽しそうにしてくれているお顔をたくさん見ているときが、損得を抜きに私たちも一番楽しくて、幸せを感じられるひと時だなと常に感じています。

これは、商売やビジネスに関わる人たちであれば、誰もが感じる共通のことではないでしょうか。大勢のお客様の笑顔こそが、商売の一番の楽しさにつながっているはずですから」

すばらしい1日を振り返りながら、私はこれからも大勢のお客様をもっともっと笑顔にしてあげたいと、あらためて心の中で強く感じていました。

7-5

教えてもらった一番大切なことは…

新しい春も近づいてきたある日、久しぶりに私は山中さんに電話をかけました。

「こんにちは。山中さんに、実は折り入ってご相談がありまして…」

山中さんは私の真剣な声色を感じたようで、すぐに返事をしてくれました。

「何か相談があるなら、いつでも話を聞くよ。ところで、いつがいいのかな?」

「では、お忙しいところを大変申し訳ありませんが、○月□□日の16時に、私たちのイタリアンレストランまでお越しいただけるとありがたいのですが」

「わかったよ。では、その日にお店に伺うことにするよ」

「はい、ありがとうございます。それでは、当日お待ちしています」

約束の当日、山中さんは予定の時間通りにお店の前に現われました。そして、お店の外から中を覗いている山中さんが、次のように独り言をつぶやいているのが聞こえました。

「あら…? この時間に約束したはずだけど、お店の中が真っ暗だな…。今日はこのお店はお休みだったのかな…？」

そして、不思議そうな顔をしたまま、山中さんがお店のドアに手をかけて開けた瞬間…

パァッと店内の電気が一気についたのと同時に、クラッカーがいっせいに破裂するにぎやかな音に包まれました！「パパパ、パンパンパン!!　パーン!!」

「山中さん、お誕生日おめでとうございます！」

私を含めて店内に隠れていた大勢のスタッフたちが、山中さんに向かって祝福の声を上げました。ドアの前で立ち止まったまま、驚いた表情の山中さんのまわりを、みんなが笑顔で囲み、次々にお祝いの言葉をかけていきました。山中さんも最初の驚いた表情からすぐに笑顔に変わり、ニコニコとしながらうれしそうに店内に入ってきてくれました。

「山中さん、本当にお誕生日おめでとうございます！」

私もあらためて山中さんにお声がけをして、山中さんの温かい手を両手でしっかりと握りました。

「ありがとう！　いや、さすがに驚いたよ。これにはやられたね！（笑）」

「驚いてもらえたなら、本当によかったです！（笑）」

その後は、山中さんにみんなで用意した花束とプレゼントを渡し、山中さんの似顔絵が描かれた大きなケーキの前で、全員で記念撮影をしました。そして、しばらくの間は、みんなでケーキとコーヒーを囲みながら、楽しい歓談のひと時を過ごしました。

みんなが、まだ店内でワイワイと盛り上がっている中、山中さんが私の横にすっと来てくれて、小声で私に話しかけてくれました。

「本当にありがとう…。こんなお祝いをしてもらえるなんて、思ってもいなかったよ。いくつになっても、お祝いしてもらうのはとてもうれしいものだね」

「山中さんにそう言ってもらえて、私たちも本当によかったです。でも、今回こんなサプライズを思いついたのも、すべて山中さんから学んだことですよ。

山中さんが、今まで繰り返し私たちに伝えてくれたこと…。それは**『お客様に心から喜んでもらうことが一番大切』**ということでした。そして**『相手が驚くほど喜ぶことを考える』**ことや、**『わぁー♪　と声が出るほど喜んでもらうことを提供する』**など、今までに山中さんから教えてもらったことが、私たちの仕事の中で、どれだけ大きなやり甲斐や楽しさになっているかを思うと…、いつも感謝の気持ちでいっぱいです。

なので、今までいろいろなことを教わったことの御礼に、今回は山中さんをサプライズで驚かせたいと考えたんです。とにかく、少しでも喜んでもらえたなら、私たちも本当にうれしいですね」

数日が過ぎたある日、私の手元に山中さんからの手紙が届きました。

「先日は本当にありがとう。みんなが準備して私を喜ばせようとしてくれたことが、とてもうれしかったよ。当日はみんなの気持ちが心にしみて、思いがけず私も涙がこぼれそうになったよ…。とにかく、本当にありがとう。

これからも、あなたやまわりのみんなが大勢のお客様をたくさん喜ばせてあげられることを、心から願っているよ。そして、お客様に喜ばれる仕事を通して、あなたがますます活躍されることを、私の人生の楽しみにしているよ」

その手紙を最後まで読み終える前に、目が涙でかすんでしまいました。

「ありがとうございます…。これからもお客様のために、そしてまわりの人たちのために、私ができることに最善を尽くしたいと思います…」

流れ落ちそうになる涙をこらえながら、私は胸がいっぱいになりました。

（おわり）

成功事例紹介

その1　ボディケアサロン編

ここまで本書をお読みいただきまして、大変ありがとうございます。1人の主人公と、その師匠となる老紳士の話を通して、私がお伝えできる、行列ができるお店づくりやその経営手法を、できる限りわかりやすくお伝えさせていただいたつもりです。

どのような商売でも仕事でも、またすでに成功されているどれだけ実績のある経営者の方であっても、日々さまざまな悩みに直面するのが、実際のビジネスではないでしょうか。このお話の中に、みなさまの今後のビジネスにおいて、ヒントになるポイントがあるならば幸いです。

そして、みなさまのビジネスにおいて少しでも参考になるように、本書の中でお伝えしきれなかった実際の事例などを、ここでいくつかご紹介させていただきます。そのひとつ目として、まずはあるボディケアサロンの事例をご紹介します。

私のセミナー「3時間待ちの行列ができるお店づくり・人づくり・仕組みづくり」

を、ある都市で開催させていただいたときのことです。大勢の参加者の中、あるボディケアサロンのオーナーさんが、セミナー後半の質疑応答のときに、私に質問をしてくださいました。

「どんなお店でも、お客様の行列を作ることができるというお話でしたが、私が経営しているボディケアサロンでは、どのようにしたら行列を作ることができるでしょうか？」

私は、その方とお会いするのも初めてでしたので、逆におたずねしました。

「ご質問をありがとうございます。あなたのお店におうかがいしたことがないので、おたずねしますが、ちなみにボディケアを受けるとしたら、60分でどれくらいの料金なのでしょうか？」

「私のお店では、60分で４０００円ほどの料金です」

「そうなんですね。60分でそのお値段とはすでに魅力的ですね。さて、私なら…、はい！　思い付きましたよ。60分で４０００円なら、逆転の発想で、『４０００円いただけたら時間無制限でボディケアします！』というのはどうでしょうか⁉」

セミナーの会場に来られていた他の方々も、私のこの回答には大笑い。そして、私に質問をされた肝心のオーナーさんは首を横に振りながら、「そんなのは無理です！」と、みんなの前で声を上げられました。

その回答を聞いて、私はますます「それならいける！」と確信しました。なぜなら、その業界のオーナーさんが「無理！」と思う内容であればあるほど、その業界の常識を超えた話題や魅力を提供できる可能性があるからです。

私は、セミナー会場に来られているみなさんに説明しました。

「オーナーさんが無理というくらいだから、これはお客様にとっては大きな魅力があるかもですね。４０００円という価格で、満足が得られるまでボディケアしてもらえる安心感は大きいですから。そして、１２０分も１８０分もしてもらいたいという人も、そう大勢はいないでしょうから、ほとんどのお客様は60分を超えて、80分とか90分くらいしてもらえたら、それでいいと言われる方がほとんどではないでしょうか。とにかく、ひとつの考え方のヒントとして、とらえていただけましたら幸いです」

その後、セミナーが終わって解散した後、ちょうど別のボディケアショップのオーナーさんが私のところに来られて、立ち話になりました。

「先ほどの『４０００円で時間無制限』という話、私も最初は無理無理と思って笑ってしまいましたが、よく考えてみると、そういう所に、大きな話題性やお客様満足度が上がる可能性が秘められているのかもしれませんね」
「そう感じていただけるとうれしいですね。とにかく、お客様やライバル店が『えっ!』と驚くような商品の見せ方や伝え方ができれば、実際のお客様の反応が大きく変わるかもしれないですね」
「私のボディケアショップでも、日頃は何曜日の集客が少ないとか、午前中のあの時間帯の集客が弱いとかがありますので、そういうときに合わせてお試しでキャンペーンをしてみるのも、ひとつの手かなと思いました。貴重なヒントをありがとうございました」

私は、決して「安売り」をしたいわけではありません。安売りをすることなく、自店の商品やサービスのクオリティを上げて、そしてお客様の満足度を上げながら、少しでも値上げができることが一番すばらしいと考えています。

ただし、現状の店舗において、もしお客様が少なくて売上げに困る場面や時間帯が少しでもあるならば、そこにどのような魅力を追加してお客様にお伝えすることができるかを、一度じっくりと考えてみる余地があるのではないでしょうか。

この数ヶ月後、最後にお話ししたボディケアショップのオーナーさんにもう一度お会いする機会がありました。私のセミナーをヒントにして、自分なりにしっかりと考えてみて、新たなキャンペーンにその後は取り組んでいるとのことでした。「時間無制限」とまではいきませんでしたが（笑）、お客様が少ない時間帯には「先着○名様に□□分時間延長サービス」という特典を付けたキャンペーンを展開して、集客が少なかった時間帯に大きくお客様を増やすことができたという報告でした。

お客様にとってもうれしいこと、店舗側にとってもうれしいこと、そして、それを聞いた私にとっても、たいへんうれしい報告でした。

成功事例紹介　その2　温泉施設編

次にご紹介するのは、ある温泉施設のケースです。ある温泉施設では、年に1回盛大に開催される「創業祭」の1週間に合わせて、「お得な入浴回数券販売キャンペーン」を、毎年行なっていました。

通常の温泉入浴料が800円であり、普段は入浴回数券11枚綴りを8000円で販売している温泉施設でした。この回数券を、創業祭の販売キャンペーンのときには、さらにお得な6500円で販売することにより、集中して1000万円の売上げを獲得されていました。

その1000万円の売上げだけでも、充分にすごい実績ではありましたが、この温泉施設が「集客の山を圧倒的に高めること」にさらに着目して、その年の創業祭に向けて新たな販促（PR）を仕かけることにしました。

それまでの創業祭キャンペーンのPRは、温泉施設に来られるお客様に向けて館内での事前告知やご案内にほぼ限られていました。しかし、「集客の山を圧倒的に増やす」

ために、キャンペーンの開始前に、新たな広告を外部にも打ち出すことにしたのです。
そのときの広告のポイントとしては、
① 自店の周辺地域の狭いエリアに絞り、そこに広告宣伝を集中させる
② 通常の販促費よりも予算を拡大し、このときだけ多めの販促費を投入する
③ 広告を見た人にとって大きなインパクトがあり、圧倒的に目を引く広告を出す
というような内容でした。

そこで、自店の周辺地域に集中して配布される地域のタウン誌を選び、思い切ってそのタウン誌のトップ1面の半分以上のスペースを活用して広告を出すことになりました。

ひとつの広告の掲載費としては、それまでにこの店舗が出したことがなかった1回80万円という高額な販促費をかけました。しかも、見た人が「えっ！」と思うくらい巨大な文字で、「お得な温泉回数券11枚綴り6500円！」という見出しを掲載して、創業祭とそのキャンペーン内容について、インパクトのある広告を出したのです。

すると、創業祭キャンペーン期間には、今までにまだ来たことがなかった新規のお客

様も大勢訪ねてきてくれることになりました。そして、キャンペーンの7日間だけで、なんと2400万円を超える記録的な回数券販売額を達成することができたのです。

少し高めの広告費をかけたとしても、地域を絞り、インパクトのある広告を出すことにより、いつもよりさらにプラス1400万円となる売上げを獲得することができ、キャンペーンは大成功に終わることができました。

もちろん、回数券を購入した方々は、温泉施設の長期的なファンになってくれる方々が多いはずです。また、温泉入浴だけでなく、来られた時には温泉施設内でボディケアを受けたり、何かを食べたり飲んだりすることも増えるでしょう。また、館内にある商品をお土産に買って帰ることも充分にあり得ます。ですから、回数券販売キャンペーンで圧倒的な集客をはたしたことにより、その後の継続的なメリットも充分に得られることになったのです。


この事例のように、ときには大きな販促やキャンペーンを打ち出して、「集客の山を圧倒的に高めること」も、とても大切です。

「ふだんよりも、かなり多めの販促費がかかりましたが、集中して大勢のお客様にお越しいただくことができて、本当によかったです。そして、その見返りも充分にありました」というお話を聞いたときには、私も本当にうれしい気持ちになりました。そして、ビジネスはアイデアひとつ、行動ひとつで結果が変わるんだ、とあらためて実感させられました。

成功事例紹介　その3　日本料理店編

3つ目にご紹介するのは、市街地のビルの中にある、ある日本料理店の事例です。

その日本料理店では、3～4月の歓送迎会の時期や、12月の忘年会などの繁忙期にはたくさんの予約が入り、猫の手も借りたいほど大勢のお客様で賑わっているお店でした。

ただ、毎年2月は会食のニーズが少ないため、目標の月間売上げに届かずに、単月では赤字になってしまう場合がありました。

そこで、私がその店舗の店長さんに話を聞きました。

「この店舗で、ふだん2月に一番売りたいと思っている会席料理は、どのようなコースになりますでしょうか」

店長さんからは、次のような回答でした。

「そうですね。繁忙期であれば、7000円や8000円の会席料理のご予約が多いのですが、2月はただでさえ日にちが少ない上にお客様の数も少ないので、6000円くらいの会席でもいいので、ご予約がたくさん入ってくるとありがたいですね」

「なるほど、そうなんですね。それでは、6000円の会席料理のご予約が圧倒的に増えるように、一緒にアイデアを考えてみませんか。6000円の料理で、お客様に『わぁー♪』『これはスゴイ!』『ぜひ行かなくては!』と思ってもらえるためには、どのような内容を考えればいいかというと…。ヒントとしてはですね…。」

このようなに一緒に考えていくこと

により、最終的には次のようなプランになりました。
「ふぐ、あわび、かにを味わう、豪華三昧特別会席 全8品 6000円」
この特別プランは、ふだんであれば1000円を超える価格をいただきたいほど豪華な内容でした。ただし2月限定として、目玉となる「ふぐ刺し」や「あわびの焼き物」や「ずわいがに」などを織り交ぜた、充分に魅力ある会席料理ができ上がりました。

もちろん、原価率は上がります。通常の会席であれば、原価率は30％くらいですが、この特別プランは6000円の販売価格のうち、原価率は50％近くになりました。

通常6000円の会席が30％の原価率だとすると、食材費は1800円。粗利は4200円です。これで2月の1日あたりの平均ご利用人数20人で計算すると、粗利4200円×20人＝粗利合計8万4000円です。

特別プラン6000円の会席は、原価率が50％で粗利は3000円です。ただし、このプランで1日あたり平均40人のご予約を目標として、粗利3000円×40人＝粗利合計12万円を狙うことにしました。もちろん、このプランの魅力をしっかりと伝える販促も数多く仕掛けました。

結果として、１日あたり平均50人近い予約を獲得することができました。しかも、先ほどの粗利計算には飲み物の売上げは含んでいませんでしたが、お客様が入れば入るほど、店舗の飲み物の売上げも上がりました。このプランは、お客様にも高評価をいただきながら、この店舗の2月の売上新記録を達成し、月間の利益も充分に得られる結果となりました。

お客様が少なくて売上げが少ない月でも、店舗の家賃や、電気代などの水道光熱費、そして従業員の人件費などは、ある程度一定の金額を支払う必要もあるでしょう。ですから集客が少なければ、どこのお店でも割が合わなくなるものです。

そこで閑散期に絞り、商品を絞って魅力を増すことを考えて、お客様に「わぁー♪」と感じてもらえるものを提供したほうが、お客様にとっても店舗側にとってもメリットがある場合が多いのではないでしょうか。

成功事例紹介 その4 サウナリニューアル編

4つ目にご紹介するのは、私が長年にわたり手がけてきた、温泉とレストランの複合施設での実例です。

館内には手づくりの料理やスイーツがブッフェ形式で味わえる「自然食ブッフェレストラン」や、こだわりの会席料理が楽しめる「展望奥座敷」などを新たに設けることにより、そのいずれにおいても「大勢のお客様にお越しいただく」「長い行列や待ち時間が発生する」「予約で満室になる」という状況を目標に、14年以上にわたり大繁盛させることができました。

ただし、天然温泉の大浴場に関しては、私どもがリニューアルする前からあった大浴場をベースとしていました。そのため、できる限りの修繕を続けてきてはいましたが、通算で18年近く温泉大浴場の大幅なリニューアルができていなかったのが実情でした。大浴場をいったん休止して、全面的にリニューアルできればいいのですが、大幅な改装工事には膨大なコストの心配もあり、また工事により休止期間が長くなるのも避けたいという悩みも長年抱えていたのです。

　そこで、私たちはこの解決のために、やはり「絞って」考えることにしました。何に絞って魅力を増すのかを考え尽くした末に、出た結論は「男性サウナに絞って改装をして魅力を増す」というものでした。

　もともと、男性大浴場にあったスタジアム型の大きな遠赤外線サウナ室を改装により分割し、片方には「セルフロウリュ」ができるフィンランド式サウナを新設することにしました。「ロウリュ」とは、フィンランドに伝わるサウナ風呂の入浴法のひとつです。それは、専用ストーブの上で熱くなったサウナストーン

に、水をかけて熱い水蒸気を発生させることにより、発汗作用を大幅に促進させるサウナ入浴法になります。このサウナの改装時には、日本には「セルフロウリュ」ができる設備を有している施設はまだまだ少なく、他にはない魅力を打ち出すことができると考えたのです。

工事のため、男性サウナのみ使用できない期間が１ヶ月弱ほどありましたが、改装場所を絞ったことにより、温泉大浴場のご利用を休止することなく改装できたというメリットもありました。また、改装費用も全面改装に比べて、かなり抑えることができたことも、大きなメリットでした。

そして、男性サウナに絞った、新しいサウナへの改装が無事に完了した後は、セルフロウリュが好きなだけできるという独自の魅力が大きな話題となり、さまざまなメディアから取材を受ける状況にもなりました。そのおかげもあり、近隣各県のサウナファンのみならず、全国各地からサウナファンが押し寄せるほどの話題のサウナとなったのです。

おかげで、この温泉の男性ご利用者数が、対前年比で１４０％以上に増加するという結果を得ることもできたのです。

これからも、私はお客様のために何ができるかを考え続けていきます。「絞って」考えて、お客様に喜んでもらえることに知恵と熱意を注ぎ、最善を尽くします。

そして、お客様に『わぁー♪』と驚いてもらえるほど、その魅力を突き抜けて圧倒的に高めていくことを、目指し続けたいと思います。

あとがき

この本を書き上げた2020年（令和2年）は、まさしく新型コロナウィルスによる「コロナ禍」に世界中が巻き込まれ、さまざまなビジネスが甚大な被害や大損害を受けた年でもあります。

もちろん、私が携わってまいりましたビジネスにおきましても、一時期はコロナ禍のため、お客様が急激に減少したり、数多くのご予約がキャンセルになったりと、予想外の出来事が続きました。また、レストラン、ホテル、旅館、観光、交通などのさまざまなサービス業界における未曾有の被害を、目の当たりにしてまいりました。それだけに、これからあらゆる業界におけるビジネスの大幅な見直しや向上が、あらためて問われる時代となっていきます。

それゆえに、本書をお読みいただきました皆様には、これからのビジネスの見直しや成長、そしてさらなる売上拡大や新たなお客様づくりのヒントになるものを、本書より見出していただけましたら幸いです。

本書の執筆にあたりましては、今まで私にビジネスや商売のこと、そして人としての生き方や人生観など、多岐にわたりさまざまなことを教えてくださった先生方や先輩方に、厚く御礼を申し上げます。

また、私が長年在籍し、大変お世話になりました（株）山口油屋福太郎の山口毅会長、田中洋之社長、並びに関係者の皆様、そして、私が長年経営に携わりました天拝の郷（株）の関係者の皆様、並びにお取引先の皆様に、深く感謝を申し上げます。

そして、私が大好きなこのサービス業界において、長年ともにベストを尽くしてがんばってくれた大切な仲間である社員やスタッフの皆様に、心より感謝を申し上げます。

私が今まで培ってまいりました経験と知識をもとに、さまざまな業界の最前線で活躍する大勢の人たちのお力になれるよう、引き続き最善を尽くします。そして、さまざまなビジネスマンや、商売や経営に携わる皆様の応援ができれば幸いです。

皆様のご商売やビジネスが、ますます発展されることを心よりお祈り申し上げて、本書をお読み頂きました御礼に代えさせていただきます。

２０２０年10月

佐々木寛

【参考文献】

●ランチェスター弱者必勝の戦略　竹田陽一　サンマーク文庫

●小さな会社・儲けのルール　竹田陽一　栢野克己　フォレスト出版

●リッツ・カールトンが大切にするサービスを超える瞬間　高野登　かんき出版

●たった一枚のシートで利益を3倍にする仕組み　山内修　中経出版

●「1回きりのお客様」を「100回客」に育てなさい！　高田靖久　同文舘出版

●お客様は「えこひいき」しなさい　高田靖久　KADOKAWA

●タフ&クール　長谷川耕造　日経BP社

著者略歴

佐々木 寛（ささき　ひろし）

1971 年生まれ　九州大学工学部 卒業　九州大学大学院 工学研究科 修了
行列ができる繁盛店研究所 Sanctuary Lab 代表、天拝の郷株式会社　取締役副社長、
株式会社山口油屋福太郎　取締役

大学に入学すると同時にアルバイトながらレストランサービスの楽しさにハマる。大学に行くよりも、レストランに仕事に行くことに夢中になる。その後、大手自動車メーカーにエンジニアとして就職。但し、自分の天職と感じていたサービス業界に３年で戻ると決意して実行、レストラン業界に戻る。
その後は、自らが携わったダイニングレストラン、居酒屋、カフェレストラン、日本料理店などの様々なお店を、「お客様で絶えず満席にする」「予約が取れないお店にする」「大行列ができるお店にする」ことをコンセプトに、次々に繁盛させる。山の中や郊外にオープンさせたレストランでも、連日１時間から最大３～４時間待ちのお店にすることで、「超繁盛店」を作り出すレストランバカとして話題に。「3 時間待ちの行列ができるお店作り、人作り、仕組み作り」や「お客様に心から喜ばれるために大切なこと」などをテーマにしたセミナーで、今までに北は北海道から南は沖縄まで、全国の主要都市にて講演実績も多数あり。

お問合せやご連絡はこちらからお気軽にどうぞ
https://sanctuarylab.com
サンクチュアリラボ　検索
sasakihiroshi721@gmail.com

行列ができる お店・人・仕組みづくり

2020 年 11 月 26 日　初版発行

著　者 ―― 佐々木 寛

発行者 ―― 中島治久

発行所 ―― 同文舘出版株式会社

東京都千代田区神田神保町 1-41　〒 101-0051
電話　営業 03（3294）1801　編集 03（3294）1802
振替 00100-8-42935
http://www.dobunkan.co.jp/

ISBN978-4-495-54071-5

印刷／製本：萩原印刷　Printed in Japan 2020